චතුරාර්ය සත්‍යාවබෝධයට ධර්ම දේශනා....

ලෙඩ දුක්වලින් අත්මිදෙමු

පූජ්‍ය කිරිබත්ගොඩ ඤාණානන්ද ස්වාමීන් වහන්සේ

චතුරාර්ය සත්‍යාවබෝධයට ධර්ම දේශනා....

ලෙඩ දුක්වලින් අත්මිදෙමු

පූජ්‍ය කිරිබත්ගොඩ ඤාණානන්ද ස්වාමීන් වහන්සේ

© සියලුම හිමිකම් ඇවිරිණි.

ISBN : 978 955 0614 19 6
ප්‍රථම මුද්‍රණය : ශ්‍රී බු.ව. 2554 ක් වූ මැදින් මස පුන් පොහෝ දින

- සම්පාදනය -
මහමෙව්නාව භාවනා අසපුව
වඩුවාව, යටිගල්ඔළුව, පොල්ගහවෙල.
දුර : 037 2244602
info@mahamevnawa.lk | www.mahamevnawa.lk

- පරිගණක අකුරු සැකසුම, පිටකවර නිර්මාණය සහ ප්‍රකාශනය -
මහාමේඝ ප්‍රකාශකයෝ
වඩුවාව, යටිගල්ඔළුව, පොල්ගහවෙල.
දුර : 037 2053300, 0773216685
mahameghapublishers@gmail.com | www.mahameghapublishers.com

- මුද්‍රණය -
ලීඩ්ස් ග්‍රැෆික්ස් (පුද්.) සමාගම,
අංක 356 E, පන්නිපිටිය පාර, තලවතුගොඩ.

චතුරාර්ය සත්‍යාවබෝධයට ධර්ම දේශනා....

ලෙඩ දුක්වලින් අත්මිදෙමු

පූජ්‍ය කිරිබත්ගොඩ ඤාණානන්ද ස්වාමීන් වහන්සේ
විසින් පවත්වන ලද සදහම් වැඩසටහන් වලදී දේශනා කරන ලද
සූත්‍ර දේශනා ඇසුරෙනි.

මහාමේඝ
MAHAMEGHA

ප්‍රකාශනයකි

පෙළගැස්ම....

"දසබලසේලප්පභවා නිබ්බානමහාසමුද්දපරියන්තා
අට්ඨංග මග්ගසලිලා ජිනවචනනදී චිරං වහතූති"

දසබලයන් වහන්සේ නමැති ශෛලමය පර්වතයෙන් පැන නැගී
අමා මහා නිවන නම් වූ මහා සාගරය අවසන් කොට ඇති
ආර්ය අෂ්ටාංගික මාර්ගය නම් වූ සිහිල් දිය දහරින් හෙබි
උතුම් ශ්‍රී මුඛ බුද්ධ වචන ගංගාව
(ලෝ සතුන්ගේ සසර දුක නිවාලමින්)
බොහෝ කල් ගලාබස්නා සේක්වා!

(සළායතන සංයුත්තය - උද්දාන ගාථා)

නමෝ තස්ස භගවතෝ අරහතෝ සම්මාසම්බුද්ධස්ස
ඒ භාග්‍යවත් අරහත් සම්මා සම්බුදුරජාණන් වහන්සේට නමස්කාර වේවා!

01.
ගිරිමානන්ද සූත්‍රය
(අංගුත්තර නිකාය - දසක නිපාතය)

ශ්‍රද්ධාවන්ත පින්වතුනි,

අද අපි ඉගෙන ගන්නේ, මේ පින්වතුන් කවුරුත් දන්න සූත්‍ර දේශනාවක්. මේ දේශනාව සඳහන් වෙන්නේ අංගුත්තර නිකායේ දසවන නිපාතයේ. මේ දේශනාවේ නම තමයි 'ගිරිමානන්ද සූත්‍රය'.

මේ දේශනාව කරද්දි බුදුරජාණන් වහන්සේ වැඩසිටියේ ජේතවනාරාමයේ. ඒ කාලේ ගිරිමානන්ද රහතන් වහන්සේ, හොඳටම අසනීප වෙලා, කායික දුකට පත් වෙලා, ගිලන්වයි වැඩසිටියේ. එදා ආනන්ද හාමුදුරුවෝ බුදුරජාණන් වහන්සේව මුණ ගැහෙන්න ඇවිල්ලා බුදුරජාණන් වහන්සේට වන්දනා කරලා මේ කාරණය කිව්වා.

අසනීපයට බෙහෙතක්...

"භාග්‍යවත් බුදුරජාණන් වහන්ස, ගිරිමානන්ද

ස්වාමීන් වහන්සේ ලෙඩ වෙලා, කායික දුකට පත්වෙලා, බොහෝම ගිලන්වයි වැඩඉන්නේ. අනේ! භාග්‍යවත් බුදුරජාණන් වහන්ස, ගිරිමානන්ද ස්වාමීන් වහන්සේ කෙරෙහි අනුකම්පාවෙන්, උන්වහන්සේව බැහැදකින්න වඩින සේක්වා..." කියලා ඉල්ලා සිටියා.

ඒ වෙලාවේ තමයි බුදුරජාණන් වහන්සේ මේ ගිරිමානන්ද සූත්‍ර දේශනාව වදාළේ. බුදුරජාණන් වහන්සේ, ආනන්ද ස්වාමීන් වහන්සේට මෙහෙම වදාළා, "පින්වත් ආනන්ද, ඔබ මේ දස සඤ්ඤාව හොඳට අහගෙන ගිහිල්ලා, ගිරිමානන්ද භික්ෂුවට කියන්න. මේ දස සඤ්ඤාව කියන කොටම, ඒක අහගෙන ගිරිමානන්ද භික්ෂුව සනීප වේවි..."

ඒ දස සඤ්ඤාව තමයි,

01 අනිත්‍ය සඤ්ඤාව
02 අනත්ත සඤ්ඤාව
03 අසුභ සඤ්ඤාව
04 ආදීනව සඤ්ඤාව
05 පහාණ සඤ්ඤාව
06 විරාග සඤ්ඤාව
07 නිරෝධ සඤ්ඤාව
08 සබ්බ ලෝකේ අනභිරත සඤ්ඤාව
09 සබ්බ සංඛාරේසු අනිච්ච සඤ්ඤාව
10 ආනාපානසති

තමන් ගැන බලන්න ඕනෑ මෙහෙමයි...

මේ සඤ්ඤා තුළින් බුදුරජාණන් වහන්සේ වදාළේ, ජීවිතය දිහා බලන විදිහයි. අනිත්‍ය සඤ්ඤාව කිව්වේ, අනිත්‍ය වශයෙන් ජීවිතය දිහා බලන ක්‍රමයටයි. අනත්ත සඤ්ඤාව කිව්වේ අනාත්ම වශයෙන් ජීවිතය දිහා බලන

ක්‍රමයට. අසුභ සඤ්ඤාව කිව්වේ ජීවිතය දිහා අසුභ විදිහට බලන ක්‍රමයක්. ආදීනව සඤ්ඤාව කිව්වේ මේ ජීවිතයට විඳින්න සිදුවෙන දුක්, කරදර පීඩාවල් දකින ක්‍රමය. පහාණ සඤ්ඤාව හැටියට බුදුරජාණන් වහන්සේ විස්තර කෙරුවේ, අකුසල් ප්‍රහාණය වන විදිහට ජීවිතය දිහා බලන ක්‍රමයයි. විරාග සඤ්ඤාව කිව්වේ කිසි දෙයක නොඇලෙන විදිහට බලන ක්‍රමයක්. නිරෝධ සඤ්ඤාව කිව්වේ ඇල්ම නිරුද්ධ වෙන විදිහට බලන ක්‍රමයක්. සබ්බ ලෝකේ අනභිරත සඤ්ඤාව කිව්වේ, කිසි ලෝකයකට ඇලෙන්නේ නැති විදිහට බලන ක්‍රමයක්. සබ්බ සංඛාරේසු අනිච්ච සඤ්ඤාව කිව්වේ, සියලු සංස්කාර අනිත්‍ය වශයෙන් බලන ක්‍රමයක්. ආනාපානසතිය කිව්වේ, ආශ්වාස-ප්‍රශ්වාස තුළින් ජීවිතය දිහා බලන ක්‍රමයක්. මේ ක්‍රම දහය තුළින්ම බුදුරජාණන් වහන්සේ ජීවිතය දිහා බැලිය යුතු ආකාරය තමයි විස්තර කරන්නේ.

පෘථග්ජනයා අනිත්‍යයට හරි බයයි...

මේ සඤ්ඤා තුළින් බුදුරජාණන් වහන්සේ කියලා දෙන්නේ, අපි ලෝකෙ දිහා බලන්න පුරුදු වෙච්ච ක්‍රමයට වඩා හාත්පසින්ම වෙනස් ක්‍රමයකට ජීවිතය දිහා බලන්නයි. බුදුරජාණන් වහන්සේ මේ කියලා දීපු ජීවිතය දිහා බලන ක්‍රමය, මේ චින්තන රටාව සාමාන්‍ය ලෝකයේ මිනිසුන්ගේ ආකල්ප එක්ක එකට පෑහිලා යන දෙයක් නෙමෙයි. මොකද ඒ? සාමාන්‍ය ලෝකයා අනිත්‍යයට හරි බයයි. ඒක කතා කරන්නම කැමති නැහැ.

අපි මෙහෙම හිතමු. ඔන්න කෙනෙක් ආදරය කරන කෙනෙකුට ධර්ම ගෞරවයෙන් ලියුමක් ලියනවා. ඒ ලියුම ලියලා, "ඔබට නිවන් සැප ලැබේවා..." කියලා ලියුම

අවසන් කළොත් එහෙම මොකක් වෙයිද? ආයේ කතා දෙකක් නෑ... "උඹට ඕනකම තියෙන්නේ මාව මරාගන්න තමා..." කියලා රණ්ඩුවට එයි. මොකද එහෙම වෙන්නේ? අපි හිතාගෙන ඉන්නේ නිවන් සැප කියන එක මැරුණට පස්සේ ලැබෙන එකක් කියලයි. මම දන්න එක්තරා මහත්මයෙක් තමන්ගේ දරුවට ලියුමක් ලියලා, අවසානයට මෙහෙම ලිව්වා, "පුතාට නිවන් සැප ලැබේවා..." කියලා. ඒකට ලොකු කෝලාහලයක් ගිහිල්ලා තමයි ඉවර වුණේ. ඒකෙන් පේනවා ධර්මය සම්බන්ධයෙන් අපි හිතාගෙන ඉන්න පිළිවෙල කොයිතරම් වැරදියිද කියලා.

වැලමඳුළු අස්සේ තියලයි තිත්ත බෙහෙත් දෙන්නේ...

මේ සිදුවීම මට ඇවිල්ලා කිව්වට පස්සේ මම එයාට කිව්වා, "එහෙම ලියන්න එපා... චතුරාර්ය සත්‍යය ධර්මය අවබෝධ වේවා... කියලා ලියන්න. එතකොට ඒක ඇතුළේ අර අදහස තියෙනවා..." කියලා. මොකද කන්න බොන්න අකමැති දේවල් වැලමඳුළු අස්සේ තියලා තමයි ගිල්ලවන්න තියෙන්නේ. ආන්න ඒ වගේ දෙයක් තමයි මේකත්. අපි නිවන පත පතා යනවා. බැරි වෙලාවත් කවුරුහරි අපිට "නිවන් සැප ලැබේවා" කියලා කිව්වොත් අපට තරහ යනවා. ඒකෙන් පේනවා අපි නිවන ප්‍රාර්ථනා කරපු එක අවංකව කරපු දෙයක් නොවෙයි කියලා.

ගොඩක් දෙනා නිවනට බයයි...

'නිවන් දකිනවා' කියන වචනයට බය වෙන්නේ ගිහි අය විතරක් නොවෙයි. පැවිද්දොත් එහෙමයි. සමහර ස්වාමීන් වහන්සේලා පවා ඒ වචනය කියනකොට තැති

ගන්නවා. "ඕවා කොහෙ කරන්නද...? ඔහොම නිවන් දකින්න පුළුවන්ද...?" කියලා නිවනටත් ගරහනවා. ඒකේ තේරුම තමයි ඒ අයට ධර්මය කෙරෙහි පැහැදීමක් නැහැ. ධර්මය සරණ ගිහින් නැහැ. ඒ නිසයි ධර්මය කෙරෙහි විශ්වාසයක් නැත්තේ. වැල යන පැත්තට මැස්ස ගහලා හරියන්නේ නෑ.

සාමාන්‍ය ජීවිතයක තියෙන්නේ උඩුගම් බලා යාමක් නෙවෙයි. ගලාගෙන යන්නේ කොහෙටද, ඒ ගලාගෙන යන දිහාවටමයි යන්නේ. ඒක හරියට වැල යන පැත්තට මැස්ස ගහනවා වගේ වැඩක්. ඒක තමයි සාමාන්‍ය ජීවිතයක ස්වභාවය. බුදුරජාණන් වහන්සේගේ ධර්මය උඩුගම් බලා යන එකක්. මේ ධර්මය තුළින් මනුස්ස චින්තනය සම්පූර්ණයෙන් වෙන පැත්තකට හරවනවා.

කෙනෙකුට මේක එකපාරටම කිව්වාට තේරෙන්නේ නැහැ. ඒ මොකද? සාමාන්‍ය මනුස්සයා ලෝකයක් හදාගෙන, ඒ තුළින් ආශ්වාදයක් විඳ විඳ තමයි ජීවත් වෙන්නේ. කොච්චර දුක් කඳුළු ආවත් ඒ තුළින් ආශ්වාදයක් මයි සොයන්නේ. අපි හිතමු අඬන කෙනෙකුට කවුරුහරි මෙහෙම කියනවා, "මේ ජීවිතේ මෙහෙම එකක් තමයි... අපි මේක අතෑරලා මේකෙන් නිදහස් වෙමු..." කියලා, නමුත් එයා කැමති වෙයිද? එයා කැමති වෙන්නේ නැහැ. ඒ කතාව කොච්චර ඇත්තක් ද කියලා ඒ කාරණය පිළිබඳව නිදහස් මනසකින් බුද්ධිමත්ව හිතන කෙනෙක් විතරයි මේකෙන් නිදහස් වෙන්න කැමති වෙන්නේ.

බුදුරජාණන් වහන්සේගේ ධර්මය මේ ලෝකෙන් නිදහස් වෙන්න කැමති බුද්ධිමතුන් උදෙසා තියෙන එකක්. දුක් දොම්නස් වලින් නිදහස් වෙන්න කැමති අයට, ජීවිතයේ යථාර්ථය අවබෝධ කරගන්න කැමති අයට

තියෙන එකක්. ඒ නිසා බුදුරජාණන් වහන්සේගේ ධර්මය ගෝචර වෙන්නේ මේ ලෝකයේ ඉතාමත්ම සුළු පිරිසකටයි. මේ ලෝකේ බොහෝ දෙනෙක්, උපදින කොටම යමක් නුවණින් කල්පනා කරන්න හැකියාවක් වගේම බුද්ධියක් ඇතුවයි උපදින්නේ. නමුත් බොහෝ දෙනෙකුට ධර්මය අවබෝධ කරගන්න හැකියාව තිබුණට, ඒ අය දන්නේ නැහැ අවබෝධයක් කරා යන විදිහට තමන්ගේ බුද්ධිය සහ කල්පනාව හැසිරවිය යුත්තේ කොයි ආකාරයටද කියලා.

හිතුවක්කාර ක්‍රමවලට අනුව හිතලා දුකින් නිදහස් වෙන්න බැහැ...

ඒ නිසා එක එක්කෙනා තම තමන්ට ඕන විදිහට හිතුවක්කාර ක්‍රම ඔස්සේ හිතනවා. ඒ විදිහට හිතුවා කියලා අපට දුක් දොම්නස් මිසක් සතුටක්, සොම්නසක් නම් ඇතිවෙන්නේ නැහැ. අපට ආශ්වාදයක් සතුටක් විඳින්න පුළුවන් වෙයි කියලා හිතාගෙන අපි බොහෝ විට කරන දේවල්වලින් සිද්ධ වෙන්නේ දුක් දොම්නස්ම විඳින්නයි.

බුදුරජාණන් වහන්සේගේ ධර්මය යම් කෙනෙක් ශ්‍රවණය කරලා, ඒ ධර්මයට අනුව කල්පනා කරන්න පටන් ගත්තොත්, ඒ ධර්මය එයාට ටිකෙන් ටික අවබෝධ වෙනවා නම්, ඒකේ තේරුම තමයි එයා කල්පනාව හසුරුවන පිළිවෙල නිවැරදියි කියන එක. එයා බුද්ධිමත්ව කල්පනාව හසුරුවනවා. අපේ බුද්ධිමත් බව අපි දන්නේ නැත්නම්, අපි මොකද කරන්නේ? ආයෙමත් තිවන පතනවා. "අපට සුදුසුකම් නැතුව ඇති... අපට පාරමී පිරිලා නැතුව ඇති... අපිට පිං මදිව ඇති..." කියලා, පාරමී පුර පුර... පිං කර කර... සංසාරේ යන්න තමයි ලෑස්ති වෙන්නේ.

විශ්වාස කළ යුත්තේ තමන්ගේ හිත නෙමෙයි... විශ්වාස කළ යුත්තේ ධර්මයයි...

මේක සිද්ධ වෙන්නේ තමන්ගේ බුද්ධිමත්කමේ තරම තමන් දන්නේ නැති නිසයි. බුදුරජාණන් වහන්සේ දේශනා කරලා තියෙන්නේ, 'තමන්ගේ බුද්ධිය තමන් තක්සේරු කරගෙන ඉන්න එපා...' කියලයි. තමන් විශ්වාස කළ යුත්තේ ධර්මයමයි. ධර්මයම විශ්වාස කරගෙන ධර්මයට අනුව හිතන්න පුළුවන්කම ඇති කරගත්තු දවසට, ටිකෙන් ටික අපට නොදැනීම අවබෝධය කරායන්න පුළුවන්. වාසනාව තියෙන කෙනා පවා හරියට ධර්මය හම්බ වුණේ නැත්නම්, ධර්මය සිහිකළේ නැත්නම්, ධර්මය අවබෝධය පිණිස සිත යොමු කළේ නැත්නම්, ධර්මයට සවන් දීලා ඒ ධර්මය සිතට ගත්තේ නැත්නම්, එයාටත් ධර්මය අවබෝධ කරන්න තියෙන අවස්ථාව අහිමි කරගන්නවා. අවබෝධ නොකරමයි එයාට මැරෙන්න වෙන්නේ.

ක්ෂණ සම්පත්තිය අහිමි කරගන්න එපා...

ධර්මය අවබෝධ කරගන්න ලැබෙන මේ අවස්ථාවට කියන්නෙ 'ක්ෂණ සම්පත්තිය' කියලා. ක්ෂණය කියලා කියන්නේ ඇසිපිය හෙළන මොහොතකින් ගෙවිලා යන එකක්. සංසාරේ ඇවිද ඇවිද යන කෙනෙකුට කල්පනා කරන්න පුළුවන් වෙන්නේ, සිහිය දියුණු කරන්න පුළුවන් වෙන්නේ, නුවණින් විමසන්න පුළුවන් අවස්ථාවක් ලැබෙන්නේ කලාතුරකින් තමයි. ඒ දුර්ලභ අවස්ථාව දැන් අපට ලැබිලයි තියෙන්නේ. එබඳු ආකාරයක මනුස්ස ජීවිතයක් ලැබිච්ච කෙනෙකුට ඊටත් වඩා කලාතුරකින් තමයි චතුරාර්ය සත්‍යය ධර්මය ශ්‍රවණය කරන්න

ලැබෙන්නේ. මෙන්න මේ කාරණා දෙක එකතුවෙච්ච තැන ඒ කෙනාට ක්ෂණ සම්පත්තිය උදා වෙනවා.

සමහර විට කෙනෙකුට මේ ක්ෂණ සම්පත්තිය උදාවෙන්නේ කල්ප ගණනාවකට පස්සෙයි. මිනිස් ජීවිතයම ලබ ලබා, අවුරුදු දහස් ගණනක් ඉපදිලා හිටියා කියලා ක්ෂණ සම්පත්තිය උදාවෙන්නේ නැහැ. බුද්ධිමත් මනුස්සයෙක් වෙලා ඉපදෙන්ට ඕන තරම් අවස්ථාව තියෙනවා. නමුත් චතුරාර්ය සත්‍යය ධර්මය අහන්න ලැබුණේ නැත්නම් ක්ෂණ සම්පත්තිය උදාවෙන්නේ නැහැ.

අපේ වාසනාවට ලැබිච්ච දෙයක්...

ක්ෂණ සම්පත්තිය කියලා කිව්වේ බුද්ධිමත් මනුස්ස ජීවිතයයි, ශ්‍රී සද්ධර්මයයි එකතු වෙච්ච මොහොත. මේ වගේ අවස්ථාවක් කෙනෙකුට ලැබෙන්නේ අවුරුදු දහස් ගණනකට පස්සෙයි. අපේ ආච්චිලාට, සීයලාට ඒ අවස්ථාව හම්බ වුණේ නැහැ. අපේ දෙමව්පියන්ට හම්බ වුණෙත් නැහැ. අපි දන්න ගොඩක් ඤාති මිත්‍රාදීන් හිටියත් මේ අවස්ථාව ලැබුණේ නෑ. ඒ සියලු දෙනාම වගේ ක්ෂණ සම්පත්තිය නොලබාමයි මැරුණේ. නමුත් දැන් අපට ඒ දුර්ලභ වාසනාව උදාවෙලා තියෙනවා. මේ අවස්ථාවේදී අපි ධර්මය අවබෝධ කරන්නම නුවණ පාවිච්චි කරන්න ඕන. අපි වෙන වෙන දේවල් කල්පනා කර කර හිටියොත් අපට වරදිනවා. ඒ නිසා අපේ පෞද්ගලික මතිමතාන්තර, අපේ හැඟීම්, ආශාවන්, අපේ පෞද්ගලික ඕනෑ එපාකම් ඔක්කොම කැප කරලා මේ ක්ෂණ සම්පත්තියේ තියෙන වටිනාකම තේරුම් අරගෙන, ක්ෂණ සම්පත්තියෙන් ප්‍රයෝජනයක් ගන්න එකයි බුද්ධිමත් කෙනා කළ යුත්තේ.

ක්ෂණ සම්පත්තිය අහිමි වුණොත් සතර අපායේ...

මේ යුගයේදි ක්ෂණ සම්පත්තියක් උදාකර ගන්නවා කියන එක ඉතාම දුර්ලභයි. මොකද බුදුරජාණන් වහන්සේ වදාළ චතුරාර්ය සත්‍යය ධර්මය හැමෝම කථා කරන්නේ නැහැ. මේ යුගයේ ඒ දුර්ලභම දෙය මේ පින්වතුන්ට ලැබෙනවා. මේ අවස්ථාවේ අපි ධර්මය අවබෝධ කරන්න කල්පනා කළේ නැත්නම්, ධර්මය අවබෝධ කරන්න පුළුවන් කෙනා පවා ධර්මය අවබෝධ නොකර අපාගත වෙනවා.

අධර්මය නිසා බුද්ධිමත් කෙනා නොමග යන හැටි...

ඒකට හොඳ උදාහරණයක් තියෙනවා. ඒ තමයි 'ජම්බුක' රහතන් වහන්සේගේ ජීවිත කථාව. ජම්බුක රහතන් වහන්සේ ගිහි කාළේ තාපසයෙක් වෙන්න ඕනි කියලා හිතාගත්තා. ඒ කාළේ ඉන්දියාව මේ වගේ නොවෙයි, අමුතුම රටක්. විවිධාකාර සිරිත් විරිත් අනුගමනය කරමින්, ශරීරයට නොයෙක් දුක් දෙමින්, ජීවිතය අවබෝධ කරන්න මහන්සි ගත්තු උදවිය බොහෝම හිටියා. ඉතින් මේ ජම්බුක මොකද කළේ? 'මමත් තාපසයෙක් වෙන්න ඕන...' කියලා හිතාගෙන ඔක්කෝම ඇඳුම් ටික අයින් කළා. ඊට පස්සේ එයා ඇඟේ නූල් පොටක් වත් නැති තාපසයෙක්. දැන් මෙයා ඊළඟට මොකද කළේ? තල් ඇට දෙකක් අරගෙන, වැවෙන වැවෙන කෙස් රැවුල් ඔක්කොම උදුරලා දැම්මා. ඒක තමයි එයාගේ තපස් චර්යාව. කන්දක් උඩට ගිහිල්ලා තනි කකුලෙන් හිටගෙන

ඉන්නවා. සාමාන්‍යයෙන් ලෝකෙ හැමදාම ඉන්නේ බාහිර ඔපයට රැවටෙන ජනතාවක් නෙ. ඉතින් මිනිසුන්ට පහදින්න මේ ටික හොඳටම ඇති. දැන් අපේ රටේ වුණත් ගහක හරි... වෙන තැනක හරි, මොකක් හරි රූපයක් මැවිලා තියෙනවා... කියලා කිව්වොත්, වාහනවල නැගලා 'සාදු' කිය කියා වැඳගෙන දුවන්නේ නැද්ද? දුවනවා... වැඳ වැඳ දුවනවා. ඒ මානසික තත්වෙම තමයි ඒ කාලේ හිටපු මිනිසුන්ටත් තිබ්බේ. ඉතින් මිනිස්සු වැඳගෙන ගිහින් එයාගෙන් ඇහැව්වා, "අනේ පින්වතුන් වහන්ස, ඇයි ඔබ වහන්සේ කකුල් දෙකම එකවර බිම තියන්නේ නැත්තේ...?" එතකොට ජම්බුක ආජීවක කියනවා "උඹලට ආදරේ නිසයි මම මේ තනි කකුලෙන් ඉන්නේ... මගේ කකුල් දෙකම තිබ්බොත් මහ පොළවට ඔරොත්තු දෙන්නේ නැහැ... මං කකුල් දෙකම බිම තිබ්බොත්, මේ මහ පොළව කම්පා වෙලා උඹලා කරදරේ වැටෙනවා. ඒකයි මං මෙහෙම ඉන්නේ..." කියලා. එතකොට මේ මිනිස්සු සාදුකාර දිදී තවත් පැහැදිලා අහනවා, "අනේ! පින්වතුන් වහන්ස, අපි කැමතියි ඔබවහන්සේට දානයක් පූජා කර ගන්න..." කියලා. ජම්බුක ආජීවකයා කියනවා, "උඹලට දානයක් දෙන්න ඕනම නම්, මාසෙකට එක දවසක් අවස්ථාව දෙන්නම්. අරන් වරෙල්ලකො බලන්න..." කියලා. ඉතින් මේ මිනිස්සු මුඛවාඩම් බැඳගෙන දානෙ උයලා, ඔළුවේ තියාගෙන අර කන්දට අරගෙන යනවා. ගිහින් දණ ගහගෙන දානෙ භාජන අල්ලගෙන ඉන්නවා. ඉතින් මේ ජම්බුක ආජීවකයා මොකද කරන්නේ? තණකොළ ගහක් කඩාගෙන ඒක දානෙ භාජනවලට දාලා දිවේ ගාලා ගන්නවා. "දැන් ඉතින් උඹලට පින් සිද්ධ වුණා... ඉතිරි ටික අරගෙන පලයල්ලා..." කියනවා. ඉතින් අර මෝඩ මිනිස්සු 'සාදු' කිය කියා ආපසු යනවා.

ඊට පස්සේ මොකද මෙයා කරන්නේ...? රෑ වෙනකොට පොදු වැසිකිළියට ගිහිල්ලා, වේලිච්ච අශූචි ටික එකතු කරලා හොඳට සප්පායම් වෙනවා. මෙයා පසේ බුදුරජාණන් වහන්සේ නමකට නින්දා කරපු එකේ අකුසල කර්මයක් තමයි මේ ගෙවන්නේ. අවුරුදු පණස්පහක් ඒ විදිහට ජීවිතේ ගෙව්වා. පනස්පස් වෙනි අවුරුද්දේ මෙයාගේ ජීවිතයට වාසනාව උදාවුණා. එයාට බුදුරජාණන් වහන්සේව මුණ ගැහුණා. එතකොට මෙයාගේ වයස අවුරුදු අසූපහක් වගේ කාලයක්. තාපස ජීවිතයම අවුරුදු පනස්පහක් ගෙවලා... බුදුරජාණන් වහන්සේ මුණ ගැහුනට පස්සේ උන්වහන්සේ චතුරාර්ය සත්‍යය ධර්මය දේශනා කළා. ජම්බුක කියන්නේ හොඳ බුද්ධිමත් කෙනෙක්. "මං මොනවද මේ කර කර හිටියේ..." කියලා ඇස් ඇරලා බලන්න ජම්බුකට පුළුවන් වුණා. චතුරාර්ය සත්‍යය ධර්මය ඇහුනට පස්සේ, අර වැඩපිළිවෙල සම්පූර්ණයෙන්ම අත් හැරලා දාලා බුදුරජාණන් වහන්සේ ළඟ පැවිදි වුණා. පැවිදි වෙලා ඉතාම කෙටි කාලයකින් සියලු කෙලෙසුන් ප්‍රහාණය කරලා මහරහතන් වහන්සේ නමක් බවට පත්වුණා.

මෙහෙම අයටත් පුළුවන් නම් අපට බැරිද...?

ඒ ජම්බුක රහතන් වහන්සේ තමන්ගේ ජීවිතය ගැන කරපු ප්‍රකාශයක් ථේර ගාථාවල තියෙනවා. උන්වහන්සේ කියනවා, "මට මේ ධර්මය හම්බ වුණේ නැත්නම්, මම මෙලහකටත් නිරයේ..." කියලා. එතකොට රහත් වෙන්න පින තිබ්බ කෙනාට චතුරාර්ය සත්‍යය ධර්මය අහන්න ලැබුණේ නැත්නම්, එයා මරණින් මත්තේ කොයි වගේ තැනකද උපදින්නේ කියලා මේ පින්වතුන් කල්පනා කරලා බලන්න. ඒ වගේ ධර්මය අවබෝධ කරන්න පින තිබුණු අයට චතුරාර්ය සත්‍යය ධර්මය අහන්න නොලැබීම නිසා

කොච්චර නම් අපායේ උපදින්න ඇද්ද... ඒ නිසා අපට ලැබිලා තියෙන මේ දුර්ලභ අවස්ථාවේ වටිනාකම හොඳට තේරුම් ගන්න ඕනි.

චතුරාර්ය සත්‍යය ධර්මය ඉලක්ක කරලයි හැම බුද්ධ දේශනාවක්ම තියෙන්නේ...

මේ දස සඤ්ඤා තුළින් බුදුරජාණන් වහන්සේ වදාළේ, ජීවිතය ගැන බලන ආකාර දහයකුයි. ඒ හැම එකක්ම ඉලක්ක කරලා තියෙන්නේ චතුරාර්ය සත්‍යය අවබෝධයටයි.

අනිත්‍ය සඤ්ඤාව...

පළවෙනි එක තමයි අනිත්‍ය සඤ්ඤාව. ඒ කියන්නේ ජීවිතය ගැන අනිත්‍ය වශයෙන් බලන ක්‍රමය. ඒ ගැන බුදුරජාණන් වහන්සේ මෙහෙම දේශනා කරනවා,

"පින්වත් ආනන්ද, භික්ෂුවක් අරණ්‍යයකට ගිහිල්ලා හරි, රුක් සෙවණකට ගිහිල්ලා හරි, එහෙම නැත්නම් විවේක තැනකට ගිහින් හරි මේ විදිහට හිතනවා..."

ඒ කොහොමද? 'මේ රූපය අනිත්‍යයි...' කියලා සිහිකරනවා. රූපය කියලා කිව්වේ සතර මහා ධාතූන් ගෙන් හැදිච්ච මේ ශරීරයටයි. මේ සතර මහා ධාතු වෙන වෙනම කොටස් කර කර ඒ හැම කොටසකම අනිත්‍ය එයා දකිනවා. බුදුරජාණන් වහන්සේ වදාළා, 'රූපය පෙණ පිඬක් වගේ නැසී වැනසී යන දෙයක්...' කියලා. අන්න ඒ ආකාරයෙන් මේ රූපය දිහා බලනවා. රූපය දිහා ඒ විදිහට බලන්න නම්, මේ ශරීරය ගැන හොඳට සිහිය පිහිටුවා ගන්න ඕනි. මේ ශරීරය තුළ හොඳට සිහිය පිහිටුවා ගෙන හිතන්න කියනවා, 'මේ රූපය අනිත්‍යයි...' කියලා.

රූපය විතරක් නෙවෙයි...

ඊළඟට තවදුරටත් සිහිය පිහිටුවා ගෙන හිතන්න ඕන විඳීම ගැනත්. 'විඳීමත් අනිත්‍යයි...' කියලා සිහිකරන්න ඕනෑ. විඳීම හටගන්නේ ස්පර්ශය නිසයි. සැප විඳීම හෝ වේවා, දුක් විඳීමක් හෝ වේවා, උපේක්ෂා විඳීම හෝ වේවා, මේ හැම විඳීමක්ම හටගන්නේ ස්පර්ශයෙන්.

ඇහෙන් රූපයක් දැක්කම විඳීමක් හටගන්නවා.
කනෙන් ශබ්දයක් ඇහුනහම විඳීමක් හටගන්නවා.
නාසයෙන් ගඳ සුවඳ ආඝ්‍රාණය කළාම විඳීමක් හටගන්නවා.
දිවෙන් රස වින්දහම විඳීමක් හටගන්නවා.
කයෙන් පහස ලැබුණහම විඳීමක් හටගන්නවා.
සිතින් සිතුවහම විඳීමක් හටගන්නවා.

මේ විඳීමට වසඟ නොවෙන්න නම් හොඳට සිහිය පිහිටුවාගෙන 'විඳීම අනිත්‍යයි...' කියලා බලන්න ඕනි.

සඤ්ඤාවත් අනිත්‍යයි...

ඊළඟට සිහිය පිහිටුවා ගෙන බලනවා, 'හඳුනා ගැනීමත් අනිත්‍යයි...' කියලා. මොනවද අපි හඳුනා ගන්නේ...?

ඇසින් රූප හඳුනා ගන්නවා.
කනෙන් ශබ්ද හඳුනා ගන්නවා.
නාසයෙන් ගඳ සුවඳ හඳුනා ගන්නවා.
දිවෙන් රස හඳුනා ගන්නවා.
කයින් පහස හඳුනා ගන්නවා.
සිතට සිතෙන අරමුණු හඳුනා ගන්නවා.

අන්න ඒ සියලුම 'හඳුනාගැනීම් අනිත්‍යයි...' කියලා හොඳට සිහිය පිහිටුවාගෙන බලනවා.

දැන් එතකොට සිහිය පිහිටුවගෙන, 'රූපය අනිත්‍යයි, වේදනාව අනිත්‍යයි, සඤ්ඤාව අනිත්‍යයි...' කියලා බැලුව වගේම කල්පනාවෙන් ඉන්න ඕනි චේතනාව ගැනත්.

හඳුනාගන්න රූප ගැන චේතනා ඇතිවෙනවා.
හඳුනාගන්න ශබ්ද ගැන චේතනා ඇතිවෙනවා.
හඳුනාගන්න ගඳ සුවඳ ගැන චේතනා ඇතිවෙනවා.
හඳුනාගන්න රස ගැන චේතනා ඇතිවෙනවා.
හඳුනාගන්න පහස ගැන චේතනා ඇතිවෙනවා.
සිතට සිතෙන සිතුවිලි ගැන චේතනා ඇතිවෙනවා.

මේක සිද්ධ වෙන්නෙ බාහිර කෙනෙක් තුළ නෙමෙයි. තමා තුළමයි. ඉතින් හොඳට සිහිය පිහිටුවා ගෙන, මේ සංස්කාරත් අනිත්‍යයි කියලා බලනවා. එතකොට මේ විඳීම, හඳුනාගැනීම, චේතනා පහළ වීම කියන මේවා අනිත්‍ය වුණේ, අනිත්‍ය වූ ස්පර්ශයෙන් හටගත්තු නිසයි. ඇසේ ස්පර්ශයක් හටගන්න ඇසයි, රූපයයි සම්බන්ධ කරන්නේ විඤ්ඤාණයෙන්. ස්පර්ශයක් හටගන්න කනයි, ශබ්දයයි සම්බන්ධ වෙන්නේ විඤ්ඤාණයෙන්. නාසයයි, ගඳසුවඳයි සම්බන්ධ වෙන්නේ විඤ්ඤාණයෙන්. දිවයි, රසයයි සම්බන්ධ වෙන්නේ විඤ්ඤාණයෙන්. කයයි, පහසයි සම්බන්ධ වෙන්නේ විඤ්ඤාණයෙන්. සිතට අරමුණක් ආවහම ඒ අරමුණ සම්බන්ධ වෙන්නේ විඤ්ඤාණයෙන්. එතකොට මේ විඤ්ඤාණයත් අනිත්‍යයි කියලා සිහි කරන්න ඕනෑ.

අපට සඤ්ඤාව වැරදිච්ච නිසයි මේක වුණේ...

හොඳට සිහිය පිහිටුවා ගෙන, රූපය අනිත්‍යයි, වේදනාව අනිත්‍යයි, සඤ්ඤාව අනිත්‍යයි, සංස්කාර

අනිත්‍යයි, විඤ්ඤාණය අනිත්‍යයි කියලා මේ පංච උපාදානස්කන්ධයම අනිත්‍ය වශයෙන් බලන්න ඕනෑ. අන්න ඒක තමයි අනිත්‍ය වශයෙන් ජීවිතය දිහා බලන ක්‍රමය. බුදුරජාණන් වහන්සේ ගිරිමානන්ද ස්වාමීන් වහන්සේට ජීවිතය දිහා බලන්න කියලා වදාළ, පළවෙනි ක්‍රමය තමයි මේ අනිත්‍ය සඤ්ඤාව.

බුදුරජාණන් වහන්සේගේ ක්‍රමය අපි ජීවිත දිහා බලන ක්‍රමවලට වඩා හාත්පසින්ම වෙනස් එකක්. අපි කොහොමද බලන්නේ? අනේ! මගේ හම රැළි වැටිලා. කෙස් ටික ඉදීගෙන යනවා. දත් ටික ගැලවි ගැලවි යනවා. මේක නැති කර ගන්න ක්‍රමයක් තියෙනවද? ගාන්න ඕන ක්‍රීම් එක මොකක්ද? මගේ ඇඟ කෙට්ටු වෙලා. ඇඟ හැදෙන්න මොනව හරි ගන්න ඕනෑ. මෙහෙම නේද අපි ජීවිතේ දිහා බැලුවේ. ඒ බලපු ක්‍රමය තුළ, හැම තිස්සෙම අපි කැරකි කැරකි යටිගම් බලා ගියා මිසක් උඩුගම් බලා ගියේ නැහැ. උඩුගම් බලා යන්න නම් බුදුරජාණන් වහන්සේ මේ කියලා තියෙන විදිහට ජීවිතය දිහා බලන්න ඕනෑ.

බුද්ධිමත් කෙනෙක් විතරයි මේක අල්ලන්නේ...

බුද්ධිමත් නැත්නම් මේක කරන්න බැහැ. ජීවිතය ගැන කල්පනා කරන්න පුළුවන් කෙනා. හිතන්න පුළුවන් කෙනා තමයි මේක අල්ලන්නේ. කල්පනා කරන්න බැරි කෙනාට මේක අල්ලන්න තේරෙන්නේ නැහැ.

දැන් අපි ගත්තොත් පොකුණක හැම නෙළුමක්ම එකපාරට පිපෙන්නෙ නැහැ නේ. හොඳට මෝරපු නෙළුම් විතරයි පිපෙන්නේ. ඒ වගේම තමයි, ජීවිතය ගැන කල්පනා කරන්න පුළුවන් කෙනෙක් විතරයි මේක අල්ල ගන්නේ. සමහර විට ජීවිතය ගැන කල්පනා කරන්න පුළුවන් කෙනා

කවදාවත් ඉස්කෝලේ නොගිය කෙනෙක් වෙන්න පුළුවන්. මළ පොතේ අකුරක් නොදන්න කෙනෙක් වෙන්න පුළුවන්. ජීවිතය ගැන කල්පනා කරනවා කියන එක උගතුන්ගේ විෂයක් නොවෙයි. ඒක හිතන්න පුළුවන් මිනිසුන්ගේ විෂයක්. ඒ නිසා තමයි බුදුරජාණන් වහන්සේගේ කාලේ පචා සච්චක වගේ පඬිවරුන්ට චතුරාර්ය සත්‍ය ධර්මය අවබෝධ කරන්න බැරි වුණේ. නමුත් සිතන්න පුළුවන් හැකියාව තිබ්බ සුනීත, සෝපාක වගේ අසරණ අහිංසක හදවත්වලට මේ ධර්මය අවබෝධ වුණා. ඒක අදටත් එහෙමමයි.

දැන් මේ කියලා දීලා තියෙන විදිහට රූපය අනිත්‍යයි, වේදනාව අනිත්‍යයි, සඤ්ඤාව අනිත්‍යයි, සංස්කාර අනිත්‍යයි, විඤ්ඤාණය අනිත්‍යයි කියලා විස්තර වශයෙන් සිහි කරන්න ඕනෑ. එතකොට තමයි එයාට මේවගෙ තියෙන අනිත්‍යතාවය තේරෙන්න ගන්නේ. එහෙම නැත්නම් තේරෙන්නෙ නැහැ. මේ අනිත්‍යයි කියන එක අපි හිතින් මවාගත්තු කෘතිම දෙයක් නෙමෙයි. සත්‍ය වශයෙන්ම තියෙන දෙයක්. අපි කිව්වත් නැතත්, අපි සිහි කළත් නැතත්, අනිත්‍ය දේ අනිත්‍යමයි. අපි කොච්චර නිත්‍යයයි... නිත්‍යයයි... කියලා කිව්වත් ඒක අනිත්‍යමයි.

අනිත්‍ය සිහි කිරීමෙන් පෞර්ෂ වර්ධනයක් ඇති වේ...

යම්කිසි කෙනෙකුට සතර මහා ධාතූන්ගෙන් හටගත්තු මේ රූපය ගැනත්, ස්පර්ශයෙන් ඇතිවන මේ විදීම ගැනත්, ස්පර්ශය නිසා ඇතිවන හඳුනාගැනීම ගැනත්, ස්පර්ශය නිසා ඇතිවන චේතනාව ගැනත්, නාමරූප නිසා ඇතිවන විඤ්ඤාණය ගැනත් අනිත්‍යයි කියලා සිහිය

පිහිටුවා ගන්න පුළුවන් නම්, ඒ කෙනාට මේවයේ තියෙන අනිත්‍ය ස්වභාවය ටිකෙන් ටික අවබෝධ වෙන කොට එයා ප්‍රබෝධමත් සිතක් ඇති කෙනෙක් බවට පත්වෙනවා. අනිත්‍ය සිහි කිරීම තුළින් ප්‍රබෝධමත් සිතක් ඇති කෙනෙක් බවට පත්වෙන්නේ නැත්නම් එයා කරලා තියෙන්නේ නිත්‍ය සඤ්ඤාව තුළ පිහිටලා අනිත්‍ය සඤ්ඤාව වඩපු එකයි. ඒ කියන්නේ තමන් මේ රූපය ගැන, වේදනාව ගැන, හඳුනාගැනීම් ගැන, චේතනාව ගැන, විඤ්ඤාණය ගැන ලොකු ආශාවකින්... මේක වෙනස් වෙන්නේ නැති දෙයක් කියලා හිතාගෙනයි අනිත්‍ය වඩලා තියෙන්නේ. අන්න එහෙම නිත්‍ය සඤ්ඤාව තුළ පිහිටලා අනිත්‍ය වඩන කොට එයා තුළ කෘතිමව එපා වීමක් ඇති වෙනවා. එයා තුළ කෘතිම කළකිරීමක් ඇතිවෙනවා. මේ කළකිරීම ඇති වෙන්නේ යථාභූත ඤාණය කරා ගිහිල්ලා නෙමෙයි. ඒ නිසා මෙයා මොකද කරන්නේ? මූණ එල්ලාගෙන, කරන වැඩ ඔක්කෝම පැහැර හරිනවා."වැඩක් නැහැ. මේවා කරලා හරියන්නේ නැහැ... මං මේ පාර ගොවිතැන් කරන්නේ නැහැ... මේවා කොච්චර කළත් අනිත්‍යයි නෙ" කියලා කියනවා. "මම රස්සාවෙන් අස්වෙන්න කියලා හිතාගෙන ඉන්නේ... මොකද රස්සාව කියන්නේ අනිත්‍ය දෙයක් නෙ..." කියලා කියනවා. මේක සිද්ධ වෙන්නේ සඤ්ඤාව වැරදි විදිහට අල්ල ගත්තහමයි. මොකද? කලින් ගොවිතැන් කළේ නිත්‍ය වෙලා නොවෙයි. කලින් රස්සාව කළේ නිත්‍ය වෙලා නොවෙයි. ඒ කෙනා හරියට අනිත්‍ය සඤ්ඤාව තුළ පිහිටලා, අනිත්‍ය භාවනාව වැඩුවා නම්, ඒ කෙනා ටිකෙන් ටික අනිත්‍ය අවබෝධය කරා යනවා නම්, කරන දේ තවත් හොඳට කරනවා. ගෙදර දොරේ වැඩ කටයුතු එයා කලින්ටත් වඩා හොඳට හොයලා බලලා කරනවා. මොකද අනිත්‍ය දන්න කෙනා

යුතුකම් දන්නවා. අනිත්‍ය දන්න කෙනා අනිත් අයට උදව් උපකාර කරන්න දන්නවා. අනිත්‍ය දන්න කෙනා ලෝකෙ බදාගෙන කරදරේ වැටෙන්නේ නෑ. අන්න ඒ විදිහට අනිත්‍ය පුරුදු කරන්න... පුරුදු කරන්න එයාගේ ජීවිතය ටිකෙන් ටික ආර්ය සත්‍ය අවබෝධය කරා යනවා. එයා තේරුම් ගන්නවා "මම මේ වසඟ වෙලා ඉන්නේ, මම මේ රැවටිලා ඉන්නේ අනිත්‍ය දේවල්වලට තමයි..." කියලා. 'මම' කියලා හිතාගෙන හිටියට මේ අනිත්‍ය දේ තුළ එහෙම අයිතිකාරයෙක් නැහැ. අයිතිකාරයෙක් නැති හේතු නිසා හටගත්තු රූප තමයි තියෙන්නේ. අයිතිකාරයෙක් නැති හේතු නිසා හටගත්තු විඳීම් තියෙන්නේ. අයිතිකාරයෙක් නැති හේතු නිසා හටගත්තු හඳුනාගැනීම් තියෙන්නේ. අයිතිකාරයෙක් නැති හේතු නිසා හටගත්තු සංස්කාර තියෙන්නේ, අයිතිකාරයෙක් නැති හේතු නිසා හටගත්තු විඤ්ඤාණයක් තියෙන්නේ කියලා එයාට තේරුම් යනවා.

අයිතිකාරයෙක් නැත්නම් අනුන් සතු දේවල් අපට ඕන හැටියට පවත්වන්න පුළුවන්ද? බැහැ. සමහර විට අපි අනුන්ගේ දෙයක් බලාපොරොත්තු වෙනවා. නමුත් එයා ඒක දෙන්නේ නැහැ. එතකොට අපි ඒක අනුන්ගේ දෙයක් කියලා හිතන්නේ නැතුව ඒ ගැන දුක් වෙනවා "මම ඉල්ලුවා... ඉල්ලුවා... නමුත් මට දුන්නේ නෑ..." කිය කියා අඬනවා. නමුත් ඒකේ අයිතිකාරයා වෙන කෙනෙක්. අන්න ඒ වගේ තමයි මේ රූප, වේදනා, සඤ්ඤා, සංඛාර, විඤ්ඤාණ අපට අයිති නැති අනුන්ගේ දේවල් වගෙයි. අපි බලාපොරොත්තු වෙලා ඉල්ලන දේ නෙමෙයි හම්බවෙන්නේ. ඒ නිසා හැම තිස්සේම හිතන්න ඕනෑ, 'මේවා අනුන්ගේ දේවල්. මේ දේවල් තමන්ට ඕන විදිහට පවත්වන්න බැහැ...' කියලා.

රජවරු සිටුවරු පවා අනිත්‍ය වෙලා ගියා...

අන්න ඒ නිසා, මේ පංච උපාදානස්කන්ධය අනුන්ගේ දෙයක් හැටියටයි බලන්න පුරුදු වෙන්න ඕනි. ඇයි ඒ? මේවා හේතු නිසා හටගත්තු ඵල. හේතු නැති වීමෙන් නැති වෙලා යන දේවල්. අපට අයිතියක් අඟවන්න ක්‍රමයක් නැහැ. අපි අයිතියක් අඟවන්න හැදුවට වෙන කෙනෙකුට වුවමනා විදිහට සිද්ධ වෙනවා වගේ තමයි ඒක සිද්ධ වෙන්නේ. අන්න ඒ විදිහට අනිත්‍ය වශයෙන් හේතුඵල වශයෙන් තමාගේ වසඟයේ පවත්වන්න බැරි අනුන්ගේ දේවල් හැටියට නුවණින් කල්පනා කරන කෙනා ටිකෙන් ටික අවබෝධයක් කරා යනවා. එයා තමන්ගෙන්ම ප්‍රශ්න කරනවා, "මේ අනිත්‍ය ලෝකෙට මෙච්චර ඇලී ගැලී වාසය කරන එකේ තේරුම මොකක්ද...?" කියලා. අන්න එතකොට එයා අනිත්‍ය දේ කෙරෙහි ඇලෙන්නෙත් නැතුව, අනිත්‍ය දේ කෙරෙහි ගැටෙන්නෙත් නැතුව, උපේක්ෂා සහගත වෙනවා. අන්න එයා තමයි මේ ලෝකෙන් නිදහස් වෙන්න කල්පනා කරන්නේ.

දැන් අපි බලමු මේ ලෝකේ රජවරු වෙලා, සිටුවරු වෙලා, ජීවත් වෙච්ච අය හිටියා. නමුත් දැන් ඒ එකකින්වත් වැඩක් තියෙනවද? වැඩක් නැහැ. අනාගතේ හිටියත් වැඩක් නැහැ. අතීතයේ යම් ආකාරයකට අනිත්‍ය වෙලා ගියා ද, වර්තමානයේ ඒ විදිහටම අනිත්‍ය වෙලා යනවා. අනාගතයේත් ඒ විදිහටම අනිත්‍ය වෙලා යනවා. එහෙනම් මේ ලෝක ධාතුවේ කොහේ හිටියත්, අපට මුණ ගැහෙන්නේ අනිත්‍ය දෙයක් මිසක් නිත්‍ය දෙයක් නෙමෙයි. මෙන්න මේ යථාර්ථය තමන්ගේ ජීවිතයට පුරුදු කරන එක තමයි, ජීවිතය දිහා බලන පළවෙනි ක්‍රමය හැටියට බුදුරජාණන් වහන්සේ වදාළේ.

අනාත්ම සඤ්ඤාව...

ඊළඟට ජීවිතය දිහා බලන දෙවෙනි ක්‍රමය හැටියට බුදුරජාණන් වහන්සේ වදාළේ අනත්ත සඤ්ඤාවයි. ඒකෙදි බුදුරජාණන් වහන්සේ උගන්වන්නේ, පංච උපාදානස්කන්ධය කෙරෙහි අයිතිකාරයෙක් නැති දෙයක් හැටියට බලන්නයි. තමාගේ වසඟයේ පවත්වන්න පුළුවන් ආත්මයක ස්වභාවයක් නැති දෙයක් හැටියට බලන්නයි.

ගෙවාගෙන ආපු සංසාරේ අපි මේ පංච උපාදානස්කන්ධය අයිතිකාරයෙක් නැති දෙයක් හැටියට නෙමෙයි බැලුවේ. 'මම කියලා, මගේ කියලා, මගේ වසඟයේ පවත්වන්න පුළුවන්...' කියලා, මමත්වයක් මුල් කරගෙන, ආශාවෙන් තමයි අපි මේ දිහා බැලුවේ. ඒක හරියට යකඩ කූරු වලින් අපිම කූඩුවක් හදාගෙන, ඒ කූඩුව ඇතුළට අපිම රිංගලා, ඉබ්බෝ දාගෙන, යතුරු හංගලා, 'කවුද යතුර හැංගුවේ...' කියලා යතුර හොයනවා වගේ වැඩක්. නමුත් යතුර හොයාගත යුත්තේ තමා විසින්මයි. තමන් විසින්ම හංගපු තැනින් යතුර හොයාගෙන, තමන්ගේ කූඩුවේ ඉබ්බ ඇර ගෙන, තමන් විසින්මයි නිදහස් වෙන්න තියෙන්නේ.

අයිතිකාරයෙක් නැත්නම් 'මම' කියලා හරි යයි ද...?

බුදුරජාණන් වහන්සේ වදාළා, 'මේ ඇස දිහා අයිතිකාරයෙක් නැති දෙයක් හැටියට බලන්න...' කියලා. 'ඇසට පෙනෙන රූප දිහා අයිතිකාරයෙක් නැති දේවල් හැටියට බලන්න...' කියලා. දැන් මෙහෙම බලන එක සාමාන්‍ය ලෝකයා හිතන ක්‍රමයට වඩා වෙනස්. මේක උඩුගම් බලා පීනන පීනිල්ලක්. අපට පුළුවන් වුණොත්, මේ

විදිහට අපේ බුද්ධිය විවර කරලා බලන්න... අපේ හදවතට බුදුරජාණන් වහන්සේගේ චින්තනය, ඒ දර්ශනය අපි ඇතුල් කර ගත්තා වෙනවා. අන්න එදාට අපි මේ හිර කූඩුවේ ඉබ්බෝ ටික කඩල දාලා, මේ හිර කූඩුවෙන් නිදහස් වන විදිහට අපේ චින්තනය හසුරුවන්න පුළුවන් හැකියාවක් ලබාගත්තා වෙනවා.

හැමෝම හිර කූඩුව ඇතුළේ දුක් විඳිනවා...

මේ ලෝකෙ සියලුදෙනාම හිර කූඩුව ඇතුළේ ඉන්න වහල්ලු වගේ. හැඟීම්වලට වහල් වෙලා, හැඟීම්වලට කොටු වෙලා, හැඟීම් තුළම සිර වෙලා හිර කූඩුවක් හදා ගෙන, නිදහස ගැන අඬ අඬා දුක් විඳිනවා. අන්න ඒ සිර කූඩුවෙන් නිදහස් වෙන්න තමයි, ධර්මය තුළින් මේ විදිහට චින්තනය හසුරුවන හැටි, බුදුරජාණන් වහන්සේ අපට කියලා දෙන්නේ.

අන්න ඒ නිසා අපි මේ 'ඇස' අයිතිකාරයෙක් නැති දෙයක් හැටියට, ඇසට පෙනෙන රූප අයිතිකාරයෙක් නැති දෙයක් හැටියට, කන අයිතිකාරයෙක් නැති දෙයක් හැටියට, කනට ඇසෙන ශබ්ද අයිතිකාරයෙක් නැති දෙයක් හැටියට, නාසය අයිතිකාරයෙක් නැති දෙයක් හැටියට, නාසයට දැනෙන ගඳසුවඳ අයිතිකාරයෙක් නැති දෙයක් හැටියට, දිව අයිතිකාරයෙක් නැති දෙයක් හැටියට දිවට දැනෙන රස අයිතිකාරයෙක් නැති දෙයක් හැටියට මේ ශරීරය අයිතිකාරයෙක් නැති දෙයක් හැටියට ශරීරයට දැනෙන පහස අයිතිකාරයෙක් නැති දෙයක් හැටියට, මේ සිත අයිතිකාරයෙක් නැති දෙයක් හැටියට සිතට සිතෙන අරමුණු අයිතිකාරයෙක් නැති දෙයක් හැටියට බලන්න ඕනෑ. අන්න ඒ විදිහට බලන්න පටන් ගත්තොත් අපට මේ

හිර කූඩුවෙන් නිදහස් වෙලා එළියට එන්න පුළුවන්කම ලැබෙනවා.

හිර කූඩුව කියලා කිව්වේ, 'මම, මාගේ, මාගේ ආත්මයයි...' කියලා, අයිතිකාරයෙක් ඉන්නවා කියන හැඟීම තුළින් ඇතිවෙච්ච බන්ධනයටයි. "මම තමයි මේ ඇසේ අයිතිකාරයා... මම තමයි මේ කනේ අයිතිකාරයා... මම තමයි මේ නාසයේ අයිතිකාරයා... මම තමයි මේ දිවේ අයිතිකාරයා... මම තමයි මේ කයේ අයිතිකාරයා... මම තමයි මේ මනසේ අයිතිකාරයා... කියලා අපි මේවාට බැඳෙනවා. ඒ විතරක් නෙමෙයි. ඇසට පෙනෙන රූපයේ අයිතිකාරයත් මමයි... කනට ඇසෙන ශබ්දයේ අයිතිකාරයත් මමයි... නාසයට දැනෙන ගඳසුවඳේ අයිතිකාරයත් මමයි... දිවට දැනෙන රසයේ අයිතිකාරයත් මමයි. කයට දැනෙන පහසේ අයිතිකාරයත් මමයි... මනසට සිතෙන අරමුණුවල අයිතිකාරයත් මමයි... මට ඕන හැටියට මේවා පවත්වන්න පුළුවන් කියලා හිතපු නිසා තමයි, අපි මේ දීර්ඝ සංසාර ගමනකට වැටිලා කඳුළු සයුරක පීන පීනා පරක් තෙරක් නොදැන ඉන්නේ. අපේ මේ හිතේ ඇති වෙන දුක් දොම්නස්, සෝ සුසුම් නැතිවෙලා යන්නේ... අපේ හිතට චතුරාර්ය සත්‍ය ධර්මය වැටිච්ච දවසටයි. අයිතිකාරයෙක් නැහැ කියන එක අවබෝධ නොවීම නිසා තමයි, අපි අයිතිකාරයෙක් මවා ගෙන මෙච්චර දුරක් ආවේ.

කළු හරකයි, සුදු හරකයි එකට ඈඳලා...

බුදුරජාණන් වහන්සේ මේක හරි ලස්සනට විස්තර කරලා තියෙනවා. කළු හරකෙකුයි, සුදු හරකෙකුයි කඹයකින් බැන්දා වගේ... අපි මේ ඇහැයි රූපයයි, කනයි ශබ්දයයි, නාසයයි ගඳ සුවඳයි, දිවයි රසයයි, කයයි

පහසයි, සිතයි අරමුණුයි කියන මේ ආධ්‍යාත්මික බාහිර ආයතනවලට බැඳිලයි ඉන්නේ කියලා.

අපි ඒ උපමාව ටිකක් තේරුම් ගනිමු. ඔන්න කළු හරකෙකුයි, සුදු හරකෙකුයි ඉන්නවා. මේ හරක් දෙන්නා එකට අැඳලා, තනි කඹයකින් බඳිනවා. මෙහෙම බැඳලා අතැරියට පස්සේ සුදු හරකත් යනවා, කළු හරකත් යනවා. අර කඹෙන් බැඳලා නිසා වෙන් වෙලා නෑ. එකටයි යන්නේ. මේක බලාගෙන ඉන්න කෙනෙක් කියනවා, "කළු හරකා නිසයි සුදු හරකා යන්නේ..." කියලා. තව කෙනෙක් කියනවා, "නෑ! නෑ! පිස්සුද? සුදු හරකා නිසයි කළු හරකා යන්නේ..." කියලා. නමුත් මේ දෙන්නම දැකපු ක්‍රමය වැරදියි. කඹෙන් බැඳපු නිසයි දෙන්නා එකට යන්නේ. යම් දවසක මේ කඹේ කැපුවා නම් අන්න එදාට දෙන්නම කැමති විදිහට දෙපැත්තට යනවා.

'මම' කියන කඹේ කැපුව නම් හරි...

අපටත් මේකෙන් නිදහස් වෙන්න බැරි වෙලා තියෙන්නේ, මමත්වයක් තුළින් මවාගත්තු 'අයිතිකාරයා' නැමැති කඹයෙන් අපි බැඳිලා ඉන්න නිසයි. මේ අැසයි, රූපයයි තුළින් මවාගත්තු අයිතිකාරයෙකුට අපි බැඳිලයි ඉන්නේ. මේ කනයි, ශබ්දයයි තුළින් මවාගත්තු අයිතිකාරයෙකුට අපි බැඳිලයි ඉන්නේ. මේ නාසයයි, ගඳ සුවඳයි තුළින් මවාගත්තු අයිතිකාරයෙකුට අපි බැඳිලයි ඉන්නේ. මේ දිවයි, රසයයි තුළින් මවාගත්තු අයිතිකාරයෙකුට අපි බැඳිලයි ඉන්නේ. මේ කයයි, පහසයි තුළින් මවාගත්තු අයිතිකාරයෙකුට අපි බැඳිලයි ඉන්නේ. මේ මනසයි, අරමුණුයි තුළින් මවාගත්තු අයිතිකාරයෙකුට අපි බැඳිලයි ඉන්නේ. කොච්චර බැඳිලා තියෙනවාද

කියනවා නම්, අපිට මේක ලිහා ගන්න විදිහ තේරෙන්නෙත් නැහැ. ලිහා ගන්න බැරි විදිහටම ගැට ගැහිලා, ගැට ගැහිලා... අවුල් වෙලා තියෙන්නේ. මේක සාමාන්‍ය බැඳීමක් නෙමෙයි. සිතුවිල්ලකින් සිදුවෙන බැඳීමක්. සිතුවිල්ලකින් සිදුවෙන බැඳීම ලිහාගන්න තියෙන්නෙත් සිතුවිල්ලකින්මයි. ඒ නිසා බුදුරජාණන් වහන්සේ වදාළා, 'මේ දිහා නුවණින් බලන්න...' කියලා මේක අයිතිකාරයෙක් නැති ඇසක්. ඇසට පෙනෙන රූප අයිතිකාරයෙක් නැති එකක්. මේ කන අයිතිකාරයෙක් නැති දෙයක්. කනට ඇහෙන ශබ්ද අයිතිකාරයෙක් නැති දෙයක්. මේ නාසය අයිතිකාරයෙක් නැති එකක්. නාසයට දැනෙන ගඳ සුවඳ අයිතිකාරයෙක් නැති එකක්. මේ දිව අයිතිකාරයෙක් නැති දිවක්. දිවට දැනෙන රසය අයිතිකාරයෙක් නැති දෙයක්. මේ කය අයිතිකාරයෙක් නැති කයක්. කයට දැනෙන පහස අයිතිකාරයෙක් නැති දෙයක්. මේ සිත අයිතිකාරයෙක් නැති සිතක්. සිතට සිතෙන සිතුවිලි අයිතිකාරයෙක් නැති දෙයක්. මෙන්න මේ විදිහට මේ ඔක්කොම අයිතිකාරයෙක් නැති දේවල් හැටියට බලන්න කිව්වා. බුද්ධිමත් කෙනෙකුට බන්ධනයෙන් නිදහස් වෙන්න මේක හොඳ ක්‍රමයක්. ඇත්තටම අයිතිකාරයෙක් නැහැ කියලා දැකපු දවසට තමයි, අපි මේකෙන් නිදහස් වෙන්නේ. එදාට අපි මවාගත්තු 'මමත්වය' කියන අයිතිකාරයා අත්හරිනවා. මවාගත්තු අයිතිකාරයා අත්හැරලා, බන්ධනයෙන් නිදහස් වෙනවා. ඔන්න බුද්ධිමත් කෙනෙකුට ජීවිතය දිහා බලන්න මේක හොඳ ක්‍රමයක්.

හිරකූඩුවෙන් නිදහස් වෙන්නේ මෙහෙමයි...

ජීවිතය දිහා බලන ක්‍රම දෙකක් බුදුරජාණන් වහන්සේ දැන් අපට කියා දීලා තියෙනවා. එකක් තමයි

අනිත්‍ය සඤ්ඤාව. අනිත්‍ය දෙයක් හැටියට ජීවිතය දිහා බලන ක්‍රමය. දෙවෙනි එක තමයි අනාත්ම සඤ්ඤාව. අයිතිකාරයෙක් නැති දෙයක් හැටියට ජීවිතය දිහා බලන ක්‍රමය. අපි කොහොම හරි උත්සහ කරන්න ඕනි මේ විදිහට ජීවිතය දිහා බලන්න. අයිතිකාරයෙක් නැති දෙයක් දිහා බලනවා වගේ ජීවිතය දිහා බලන්න නම්, අපට ඕන කරන්නෙ සිහියමයි. සිහිය තමයි ජීවිතයකට තියෙන එකම රැකවරණය. කෙනෙකුට සිහිය පවත්වන්න බැරි නම්, බැරිවෙන්නේ වෙන කාරණයක් නිසා නෙමෙයි. හැඟීම්වලට වහල් වීම නිසාමයි. අපි මේ හැඟීම්වලට වහල් වෙලා හිරවෙලා ඉන්න සිර කූඩුවෙන් අකමැත්තෙන් හරි නිදහස් වෙන්න ඕනෑ. අන්න එතකොටයි මේ ජීවිතේ ඇත්ත දකින්න පුළුවන් වෙන්නේ.

අසුභ සඤ්ඤාව...

ඊළඟට බුදුරජාණන් වහන්සේ වදාළා, අසුභ වශයෙන් ජීවිතය දිහා බලන්න කියලා. ඒක තමයි අසුභ සඤ්ඤාව. අපි 'සුභයි' කියලා කියන්නේ මොකේටද? ලස්සනයි කියන එකට. එතකොට අසුභ වශයෙන් බලනවා කියලා කියන්නේ මොකක්ද? ජීවිතයේ ඇත්ත තත්වය දකින්න උත්සාහ ගන්නවා කියන එකටයි. බුදුරජාණන් වහන්සේ රාහුල හාමුදුරුවන්ට මෙහෙම වදාළා. (**අසුභාය චිත්තං භාවේහි - ඒකග්ගං සුසමාහිතං**) "සිත විසිරෙන්නට නොදී, හොඳට එකඟ කරගෙන, මේ ශරීරය දිහා අසුභ වශයෙන් බලන්න කිව්වා. ඒක බුදුරජාණන් වහන්සේ විස්තරාත්මකව අපට කියලා දීලා තියෙනවා. කොහොමද ඒ? ධාන්‍ය වර්ග පුරෝපු, දෙපැත්තෙම කට තියෙන මල්ලක් තියෙනවා. හොඳට ඇස් පෙනෙන මනුස්සයෙක් මේ මල්ල ලිහලා, ධාන්‍ය වර්ග වෙන වෙනම ගොඩවල්

ගහනවා. කොහොමද එයා ගොඩවල් ගහන්නේ...? මේවා මෑ ඇට, මේවා මුං ඇට, මේවා කඩල, මේවා වී... කිය කියා වෙන වෙනම ගොඩවල් ගහනවා. අන්න ඒ විදිහටම දෙපැත්තේ කට තියෙන මල්ල ඇතුළේ තියෙන ධාන්‍ය වර්ග වෙන් කරනවා වගේ මේ ශරීරය ඇතුළේ තියෙන අසුභ කොටසුත්, වෙන වෙනම ගොඩවල් ගගහා බලන්න කිව්වා... 'මේවා තමයි කෙස් කියලා, කෙස් ටික වෙනම බලන්න කිව්වා. මේ තමයි ලොම්... මේ තමයි නියපොතු... මේවා තමයි දත්... මේ තමයි ඇගේ තියෙන හම... මේ තමයි මස්... මේවා තමයි නහර වැල්... මේව තමයි ඇට... මේවා තමයි ඇටමිදුළු... මේවා තමයි වකුගඩු... මේ තමයි හදවත... මේ තමයි අක්මාව... මේ තමයි පෙනහළු... මේ තමයි කුඩා බඩවැල්... මේක තමයි මහා බඩවැල... මේක තමයි ආමාශය... මේ තමයි අශූචි... කියලා වෙන වෙනම එකින් එක වෙන් කර කර ගොඩවල් ගගහා බලන්න කිව්වා.

මේ විදිහට දැක්ක නම් අපි මේවට ඇලෙන්නේ නැහැ...

නමුත් අපි බැලුවේ මෙහෙම නෙවෙයි නෙ. මේ ශරීරය ඇතුළේ තියෙන්නේ අසුභ කොටස් කියලා බලන්න අපි පෙළඹුණේ නැහැ. අපි අසුභ දේවල් දැක්කේ සුභ දේවල් හැටියට. ඒ නිසා අපි මේක වැළඳ ගත්තා. බදා ගත්තා. අල්ල ගත්තා. අවිද්‍යාවෙන් නිර්මාණය වෙච්ච මනසේ ස්වභාවය තමයි, මුළා වීම. ඒ නිසා අපි අසුභ දේ සුභ දෙයක් හැටියටයි හඳුනාගත්තේ.

බුදුරජාණන් වහන්සේ වදාළා, 'මේ ශරීරයේ තියෙන පිත වෙනම බලන්න කියලා. ඒ වගේම සෙම කියන්නේ මේවා... ලේ කියන්නේ මේවා... සැරව කියන්නේ මේවා...

දහඩිය කියන්නේ මේවා... තෙල් මන්ද කියන්නේ මේවා... වුරුණු තෙල් කියන්නේ මේවා... කඳුළු කියන්නේ මේවා... කෙළ කියන්නේ මේවා... සොටු කියන්නෙ මේවා... සඳ මිඳුළු කියන්නේ මේවා... මුත්‍රා කියන්නේ මේවා... කියලා වෙන් කර කර, වෙන වෙනම බලන්න...' කිව්වා. මේ ශරීරය ඇතුළේ නෙ මේ ඔක්කොම තියෙන්නේ කියලා නුවණින් බලන්න කිව්වා.

යථාර්ථය දැක්කොත් අපි නිදහස්...

බුදුරජාණන් වහන්සේ අපට පෙන්වලා දුන්නා, 'නිදහස් තැනකට ගිහිල්ලා, මේ ශරීරය ගැන අපි ගොඩනගා ගෙන තිබ්බ 'සුභ සඤ්ඤාව' නැමැති සිහින මාළිගාව බිඳ දමලා, යථාර්ථය මතුවෙන විදිහට නුවණින් විමස විමසා අසුභ වශයෙන් බලන්න...' කියලා. මේ ශරීරය දිහා අසුභ වශයෙන් බලමින් දියුණු කරන්න තියෙන්නෙ සිහියෙන්මයි.

ඔබට මතක ඇති ඒ අමා නිවන් දුටු රහතන් වහන්සේලා පොතේ තියෙනවා, 'මුගලන් මහරහතන් වහන්සේගේ' ථේර ගාථාව. මුගලන් මහරහතන් වහන්සේ කියනවා, "මේ ශරීරයේ තියෙන ඇත්ත තත්වය නම්, 'වැස්ස කාලෙට උතුරන, අශූචි වලක්' වගේ..." කියලා. ඒකෙන් පේනවා, උන්වහන්සේ කොයිතරම් දුරට අසුභ සඤ්ඤාව වඩලද කියලා.

හොඳට මතක තියාගන්න... අපි කොයිතරම් ප්‍රාර්ථනා කළත්, යථාර්ථය දකිනකම් තණ්හාවෙන් නිදහස් වෙන්නේ නැහැ. මේ ශරීරය කෙරෙහි හොඳට සිහිය පිහිටුවමින් නුවණින් විමසමින් බලනකොට ඇත්ත පෙනුණොත්, අන්න එදාට විතරමයි මේ ශරීරය කෙරෙහි

අපි විරාගී වෙන්නේ. මේ ශරීරය කෙරෙහි නොඇලී අපි නිදහස් වෙන්නේ එහෙම දැකපු දාටයි.

සමහර විට කෙනෙක් ඉන්න පුළුවන් පංච නීවරණ යටපත් කරලා, සමාධිය දියුණු කරපු. ඒ කෙනා සමාධිය දියුණු කරලා අහසින් යන්නත් පුළුවන්. නමුත් යථාභූත ඤාණය ලැබුවේ නැත්නම්, ඕනෑම වෙලාවක වරදින්න තියෙන ඉඩකඩ වැඩියි.

ගිහි පැවිදි කාටත් එකම බේත තමයි...

බුදුරජාණන් වහන්සේගේ ධර්මය තුළින් බලන කෝණය ගැන අපි හොඳට තේරුම් ගන්න ඕනි. ජීවිතයේ යථාර්ථය දකින්න ගිහි පැවිදි භේදයක් නෑ. දෙගොල්ලොම ඉන්නේ සංසාරේ. 'මෙයා ගිහි කෙනෙක්. මෙයා පැවිදි කෙනෙක්...' කියලා වෙනසක් නැහැ. මේක ගිහි යථාභූත ඤාණය... මේක පැවිදි යථාභූත ඤාණය කියලා යථාභූත ඤාණ දර්ශනයේ වෙනසක් නැහැ.

සමහරුන්ට මේ අසුභය කියන එක නොරුස්සන දෙයක්. මොකද හේතුව? අපට පේනවා මේ රටේ වැඩිපුර ඉන්නේ, ශ්‍රාවකයෝ නෙමෙයි. වැඩිපුර ඉන්නේ ශාස්තෘන් වහන්සේලා. බුදුරජාණන් වහන්සේව සරණ ගියාට පස්සේ බුදුරජාණන් වහන්සේ වදාළ ධර්මය සරණ ගියාට පස්සේ, බුදුරජාණන් වහන්සේගේ ධර්මය අනුගමනය කරලා, ප්‍රතිඵල ලබපු ශ්‍රාවක සඟරුවන සරණ ගියාට පස්සේ, ශ්‍රාවකයෝ මොකක්ද කරන්න ඕනි? නිහතමානීව ධර්මයට අවනත වෙන්න ඕනි. අද එහෙම නොවෙයි. වැඩිපුර ඉන්නේ ශාස්තෘන් වහන්සේලා වෙන්න ඉන්න අය. ඒ අය තමයි ඔය විකාර කතා කියන්නේ. 'අසුභය මොකටද ගිහියන්ට...? අනිත්‍ය සඤ්ඤාව මොකටද ගිහියන්ට...?

ඕව කරන්න ගහිල්ලා පවුල් අවුල් වෙනවා..." එතකොට එයා කාටද මේ එරෙහි වෙන්නේ? එයා බුදුරජාණන් වහන්සේ වදාළ ධර්මයටයි මේ එරෙහි වෙන්නේ. එයා මහ ලොකුවට හිතට අරගෙන මේවා කියන්නේ සමාජයට නායකත්වයක් දෙනවා කියලා හිතාගෙන. නමුත් ඒ තුළින් වෙන්නේ, සමාජයට හානියක්. එහෙම අය දේවදත්තටත් වඩා භයානකයි. ඒ අය දේවදත්ත පාක්ෂිකයන් හැටියටයි අපි සළකන්න ඕනි.

අද කාලේ දේවදත්තලා...

මේ ධර්මයේ හැසිරෙනවට ගරහා කරන භික්ෂුවක් ඉන්නවා නම්, ඒ භික්ෂුව දේවදත්තටත් වඩා භයානකයි. ඒ විතරක් නෙමෙයි මේ ධර්මයේ හැසිරෙනවාට බාධා කරන ගිහි කෙනෙක් ඉන්නවා නම්, එයත් දේවදත්තට වඩා භයානකයි. දේවදත්ත ගල් පෙරලලා නිකම් හිටියා. නමුත් අනිත් අයගේ ධර්ම මාර්ගය වහන්න දේවදත්තට පුළුවන් වුණේ නැහැ. අන්න ඒ නිසා අපි මේකෙදි මනාකොට තේරුම් ගන්න ඕනි 'අපි ශාස්තෘන් වහන්සේලා නෙමෙයි, ශ්‍රාවකයෝ' කියලා. ශ්‍රාවකයන් තුළ තියෙන්න ඕනෑ තමන් සරණ ගිය ශාස්තෘන් වහන්සේගේ වචනය කෙරෙහි ගෞරවයක්. ශාස්තෘන් වහන්සේ යම් ධර්මයක් වදාළා ද, ඒ ධර්මය සතුටින් පිළිගන්න ගතියක් ශ්‍රාවකයන් තුළ තියෙන්න ඕනි. අන්න එතැන තමයි ශ්‍රාවකත්වය තියෙන්නේ. අන්න එහෙම ශ්‍රාවකත්වයට පැමිණිච්ච කෙනා තමයි බුදුරජාණන් වහන්සේව සරණ යන්නේ. ශ්‍රී සද්ධර්මය සරණ යන්නේ. ශ්‍රාවක සංඝරත්නය සරණ යන්නේ. මේ විදිහට යම්කිසි කෙනෙක් අවබෝධයෙන් යුතුව ශ්‍රාවකත්වයට පැමිණිලා තෙරුවන් සරණ යනවාද, අන්න එයා ශ්‍රද්ධාවට පැමිණිච්ච කෙනෙක්. ශ්‍රද්ධාවෙන්

තොරව නම් මේ ධර්ම මාර්ගය තුළ දියුණුවක් කරා යන්න බැහැ. ශ්‍රද්ධාවට පැමිණිච්ච කෙනා ශ්‍රද්ධාව තුළ පිහිටලා තමයි, මේ ධර්ම මාර්ගය ආරම්භ කරන්න තියෙන්නේ.

ශ්‍රද්ධාව හරියට මව්කිරි වගේ...

අලුත උපන් දරුවෙකුට මව්කිරි නැත්නම්, ඒ දරුවා වැඩෙන්නෙ නැහැ හොඳට. ශ්‍රද්ධාවත් හරියට අලුත උපන් දරුවෙකුට මව්කිරි වගේ. ඉස්සෙල්ලාම ධර්ම මාර්ග යට පැමිණෙන කෙනෙකුට මුලින්ම ඇති කර ගත යුතු වෙන්නේ ශ්‍රද්ධාවයි. බුදුරජාණන් වහන්සේ වදාළා, මේ බුද්ධ ශාසනයට අලුතින් ඇතුල්වන ශ්‍රාවකයෝ, අලුත ඉපදිච්ච වහු පැටව් වගේ කියලා. අලුතෙන් ඉපදිච්ච වහු පැටව් ඉන්න ඕනෑ මව් වැස්සි ළඟ. මව් වැස්සි පැටවුන්ව ඉස්සෙල්ලාම පෝෂණය කරන්නේ වැස්සිගේ කිරි වලින්. ඊට පස්සේ තමයි එයා ටිකෙන් ටික වැඩෙන කොට තණකොළ කන්න පුරුදු වෙන්නේ. එහෙම නැතුව ඉපදිච්ච ගමන්ම තණකොළ කැව්වොත් ඒවා දිරවන්නේ නැහැ. අන්න ඒ වගේ තමයි මේ ධර්ම මාර්ගයට ඇතුල්වෙන කෙනත්, ඉස්සෙල්ලාම ශ්‍රද්ධාව ඇති කරගෙන තමයි මේ ධර්ම මාර්ගය තුළ වැඩෙන්න පටන් ගන්නේ.

සර්පයා නැට්ටෙන් ඇල්ලුවොත් අමාරුවේ වැටෙනවා...

ශ්‍රද්ධාවකට පැමිණිච්ච නැති උදවිය තමයි, තමන්ට ඕන ඕන දේවල් ධර්මය හැටියට කියාගෙන යන්නේ. 'මොන පිස්සුද? ඕව කරන්න පුළුවන්ද ගිහි අයට...? ගිහි අයට පුළුවන්ද ධර්මය අවබෝධ කරන්න...? ඕව භාවනා කරලා කොහෙ කරන්නද...?' ඔන්න ඔය වගේ

දේවල් කියාගෙන යන්නේ ධර්මය කෙරෙහි ශ්‍රද්ධාවක් නැති, තිසරණය නැති, 'ශාස්තෘන් වහන්සේලා' කියලා හිතා ගෙන ඉන්න අය. ඒ අය හිතට අරගෙන, ධර්මය හැටියට අධර්මයක් කියාගෙන ගියොත්, මේ ලෝකෙදි විතරයි ඒක කරන්න වෙන්නේ. ආයේ එයාට ධර්මයක් හම්බ වෙන්නේ නැහැ. තමන් විසින්ම ක්ෂණ සම්පත්තිය වනසා ගන්නවා. ක්ෂණ සම්පත්තිය අහිමි කරගන්න කෙනා ගැන, බුදුරජාණන් වහන්සේ මෙහෙම විස්තර කරනවා (**ඛණාතීතා සෝචන්ති නිරයම්හි සමප්පිතා**) "ක්ෂණ සම්පත්තිය අත්හැරපු අය නිරයේ ඉපදිලා ශෝක කරනවා..." කියල. අන්න ඒ විදිහට නිරයේ උපදින්නයි එයා පාර කපා ගන්නේ.

කේන්දර පස්සේ, නැකත් පස්සේ ගියොත් ක්ෂණ සම්පත්තිය අහිමි වෙනවා...

දැන් අපි මේ පින්වතුන්ට කියනවා, 'කේන්දර සරණ යන්න එපා! නැකත් සරණ යන්න එපා! ඕව ධර්මයේ නැහැ...' කියලා. එහෙම කියපුවම සමහරු අපටත් බැන බැන, ධර්මයටත් බැන බැන යනවා. "ඔය හාමුදුරුවෝ ඔහොම කිව්වට, එව්වා නැතුව කොහොම කරන්නද..." කියලා. ඇත්ත පහදලා දෙද්දීත් ශ්‍රාවකත්වයට පැමිණෙන්නේ නැතුව, අර මිත්‍යා දෘෂ්ටි පස්සේ ගියොත්, එයා ක්ෂණ සම්පත්තිය අහිමි කරගන්නවා. ඒක හරියට, මහ දවාලේ වළේ වැටෙනවා වගේ වැඩක්. ඇයි, අපි මේ කියද්දිනේ ඒවා පස්සේ ගිහින් අමාරුවේ වැටෙන්නේ. ඒ නිසා දවල් වැටෙන වළෙන් ගොඩ එන්න ලේසි නැහැ. රාත්‍රියේ වළක වැටුණා නම්, ඉර පෑව්වට පස්සෙවත් දන්නවා, 'මං වළක වැටිලා ඉන්නේ...' කියලා. ඒ නිසා

එළිය වැටෙන කොට වළෙන් ගොඩ එන්න පුළුවන්. මේක එහෙම එකක් නොවෙයි. අපි කරුණු පැහැදිලි කර කර කරුණු කියද්දි, කියද්දී කැමැත්තෙන්මයි වළට පනින්නේ. අන්න එහෙම අය ඕන තරම් ඉන්නවා.

කේන්දරය ගෙන දෝතට, නිරය බලා යන...

අපි කරුණු පැහැදිලි කර කර කේන්දර අත හරින්න කියනකොට, ධර්මය පෙනි පෙනී 'ඕවා කොහෙ කරන්නද...' කිය කියා ධර්මය අත හැරලා කේන්දරේ සරණ යනවා. කේන්දරය සරණ යනවත් එක්කම එයා ක්ෂණ සම්පත්තිය අහිමි කරගන්නවා. ඊට පස්සේ නිරයේ ගිහිල්ලා තමයි එයාට ශෝක කරන්න තියෙන්නේ.

පින්වතුනි, එයා නිරයේ යන්නේ කේන්දරය නිසා නොවෙයි. ඒක මුල් කරගෙන ධර්මයට ගරහන නිසයි. මොකද ඒක මිත්‍යා දෘෂ්ටියක්. මිත්‍යා දෘෂ්ටියේ පිහිටලා, ඒක මුල් කරගෙන, එයා සම්මා දිට්ඨියට ගරහනවා. ඊට පස්සේ එයා තිසරණයටත් ගරහනවා. 'ඕව කොහෙ කරන්නද...' කියලා. අන්න එයාට දිගට හරහට වරදිනවා. මේ ධර්මය කරා යාමේ දී ඉතාම වැදගත් වන දේ තමයි ශ්‍රද්ධාව. ශ්‍රද්ධාවෙන් තොරව නම් කිසි දෙයක් කරන්න බැහැ. බුදුරජාණන් වහන්සේගේ ධර්මය තේරුම් ගැනීමේදී අපේ ජීවිතයට අපි ඉස්සෙල්ලම ඇති කරගත යුත්තේ ශ්‍රද්ධාවයි. මේක අපට පෙන්වලා දුන්නේ සාමාන්‍ය කෙනෙක් නොවෙයි. මේ තුන් ලෝකෙටම නිවන් මග පෙන්වලා දීපු දෙව් මිනිසුන්ට ශාස්තෘ වූ භාග්‍යවත් බුදුරජාණන් වහන්සේමයි. අන්න ඒ නිසා අපි ඒක හොඳට තේරුම් ගන්න ඕනි.

ආදීනව සඤ්ඤාව...

මේ වෙනකොට අපි ජීවිතේ දිහා බලන ක්‍රම තුනක් ඉගෙන ගත්තා. පළවෙනි එක තමයි අනිත්‍ය සඤ්ඤාව. ජීවිතේ දිහා අනිත්‍ය වශයෙන් බලන ක්‍රමය. දෙවෙනි එක අනාත්ම සඤ්ඤාව. අයිතිකාරයෙක් නැති දෙයක් හැටියට ජීවිතය දිහා බලන ක්‍රමය. තුන්වෙනි එක තමයි අසුභ සඤ්ඤාව. අසුභ වශයෙන් ජීවිතය දිහා බලන ක්‍රමය.

ඊළඟට අපි ඉගෙන ගත්තේ ආදීනව සඤ්ඤාව. මේකත් අපට හොඳට පුරුදු කරන්න පුළුවන් එකක්. බුදුරජාණන් වහන්සේ 'මේ මේ විදිහට ජීවිතේ දිහා බලන්න...' කියලා, අපිට කියලා දෙන ක්‍රමවලට අනුව අපි කල්පනා කරන්න පටන් ගත්තොත්, ඊට අනුව අපි ජීවිතේ දිහා බලන්න පටන් ගත්තොත්, අපට අවස්ථාවක් ලැබෙනවා ජීවිතේ අවබෝධ කරගන්න.

මේකෙදී බුදුරජාණන් වහන්සේ කියනවා, මේ විදිහට හිතන්න කියලා. 'මේ කය නම් බොහෝ දුක් සහිත එකක්... මේක බොහෝ ආදීනව සහිත කයක්... මේ කයේ විවිධාකාර රෝග පීඩා හට ගන්නවා...' කියලා.

මෙහෙම හිතනකොට ආරෝග්‍ය මදය දෙපිටින් යනවා...

මේකේ බුදුරජාණන් වහන්සේ රෝග පීඩා ගැන ලොකු විස්තරයක් කරනවා. ඒ තමයි අපේ ශරීරයේ ඇස් රෝග හටගන්නවා, කනේ රෝග හටගන්නවා, නාසයේ රෝග හටගන්නවා, දිවේ රෝග හටගන්නවා, කයේ රෝග හටගන්නවා, ඒ විතරක් නෙමෙයි, හිසේ රෝග හටගන්නවා, මුඛයේ රෝග හටගන්නවා, දත්වල රෝග

හටගන්නවා, කැස්ස හැදෙනවා, ඇදුම හැදෙනවා, හතිය හැදෙනවා, පීනස හැදෙනවා, උණ හැදෙනවා, බඩේ ලෙඩ හැදෙනවා, ලේ බඩ යනවා, සිහි නැතුව යනවා, හමේ කුෂ්ඨ, ගඩු, හොරි හැදෙනවා, ඇඟ පුරාම බිබිලි ඇවිල්ලා සැරව පිරිල පුපුරලා යනවා. වසූරිය, සරම්ප වගේ ලෙඩ හැදෙනවා, දියවැඩියාව හැදෙනවා, අපස්මාරය හැදෙනවා, අංශභාගේ හැදෙනවා... මේ විදිහේ නොයෙක් ලෙඩ රෝග මේ ශරීරයේ හටගන්නවා, ඊළඟට පිතෙන් රෝග හටගන්නවා, සෙම කිපීම නිසා රෝග හටගන්නවා, වාතය කිපීමෙන් රෝග හටගන්නවා, ඍතු විපර්යාස වලින් රෝග හටගන්නවා, ඒ විතරක් නොවෙයි, නොයෙක් බාහිර උපක්‍රමවලින් රෝග හටගන්නවා, තමන්ගේම වැරදි ඇවතුම් පැවතුම් නිසා රෝග හටගන්නවා, වැරදි ජීවිත ගෙවීමෙන් රෝග හටගන්නවා, ඔය අතරේ කර්ම විපාක නිසාත් රෝග හටගන්නවා.

මේ විදිහට බුදුරජාණන් වහන්සේ මේ ශරීරයට ඇතිවන නොයෙක් රෝගයන් පිළිබඳව විස්තර කරනවා. උන්වහන්සේ පෙන්වලා දෙනවා, 'සීතල කියලා කියන්නෙත් මේ ශරීරයට හැදෙන රෝගයක් ය...' කියලා. උණුසුම දැනීමත් රෝගයක් කියනවා. බඩගින්න හා පිපාසයත් රෝග යක් කියනවා. ඒ විතරක් නෙමෙයි, වැසිකිළි කැසිකිළි යාම පවා රෝග හැටියටයි බුදුරජාණන් වහන්සේ විස්තර කරන්නේ. මුත්‍රා අඩස්සි එහෙම හැදිච්ච දවසට කෙනෙකුට ඒක හොඳට තේරෙනවා, 'කොච්චර වේදනාවක්ද...' කියලා. බුදුරජාණන් වහන්සේ මේ පෙන්වලා දීලා තියෙන ආකාරයට අපි ජීවිතය දිහා බැලුවොත් අපට පේන්නේ 'මේ ශරීරය තනිකරම රෝග ගුලියක්...' කියලා.

මෙහෙම දෙයකට නෙ අපි ආස කළේ...

අපට පුළුවන් වුණොත් මේ විදිහට ජීවිතේ දිහා බලන්න, අන්න එදාට අපි හිතාගෙන ඉන්න ලෝකෙ අසත්‍යයක් බව, මායාවක් බව, සිහිනයක් බව, අපටම අවබෝධ වෙන්න පටන් ගන්නවා. අපි හොඳට සිහිය පිහිටුවලා, මේ විදිහට කල්පනා කරන්න පටන් ගත්තොත්, අන්න අපේ ජීවිත ධර්මය කරා යනවා. මොකද හේතුව? අපි මේ ලෝකෙ ඇලිලා තියෙන්නේ, මේ කයට. අපි ඇලිලා තියෙන්නේ, මේ හිතට. මේ කය කෙරෙහි අපේ සිතේ තියෙන ඇල්මෙන් අපව නිදහස් කරන්න තමයි, බුදුරජාණන් වහන්සේ මේ විදිහට කය ගැන බලන්න කියලා අපට කියලා දෙන්නේ. අන්න එහෙම බලනකොට තමයි මේ කය කෙරෙහි නොඇල්මක් ඇතිවෙන්නේ. එහෙම නොබලන තාක් අපි මේ කය කෙරෙහි අවබෝධයෙන් කලකිරෙන්නේ නෑ.

සමහර විට කෙනෙක් කොච්චර ලෙඩ වුණත්, මේ ජීවිතේ ලෙඩ වුණාට ඊළඟ ජීවිතේදිවත් ලෙඩ නැතුව ඉන්න පුළුවන් කියලා හිතාගෙන ලෙඩ නැති ජීවිතයක් පතනවා. මේ ලෝක ධාතුවේ කිසිම කෙනෙකුට ලෙඩ රෝග නැති ශරීරයක් ඇතිව උපදින්න විදිහක් නැහැ. උපදින තාක් ලෙඩ වෙනවා. ඒකයි ජීවිතේ යථාර්ථය.

මනුස්ස ලෝකෙ ඇවිල්ලා කරන පින් අපි දන්නවා...

නිතරම රෝග පීඩා හැදෙන ශරීරයක් තියාගෙන, අපි කැමති වෙන්නේ ලෙඩ දුක් නැති ජීවිතයක ආයෙ උපදින්නයි. අපි කොච්චර දුරට බුදුරජාණන් වහන්සේගේ ධර්මයෙන් බැහැරව ද හිතන්නේ කියලා කල්පනා කරලා

බලන්න. අපි කෙනෙක්ගෙන් ඇහුවොත් එහෙම, "මේ පින්වතුන් ආයේ කොහෙද උපදින්න කැමති...?" කියලා, එකපාරට ම කියනවා "මනුස්ස ලෝකෙ..." කියලා. "ඒ මොකද...?" කියලා ඇහුවොත් කියනවා, "අපට පින් කරගන්න ඕනි..." කියලා. 'ඊට පස්සේ උපදින්න කැමති කොහේද...' කියලා ඇහුවොත්, ඒත් කැමති මනුස්ස ලෝකෙ උපදින්නයි. මොකද පින් කරගන්න...' ඊට පස්සේ එයා දන්නෙවත් නෑ, මේ ගමන කොහෙන් කෙළවර වෙනවද කියලා. එයා මේ ලැබිච්ච ක්ෂණ සම්පත්තිය අතහැර, අතහැර ආයෙමත් ජීවිතයක් පතනවා, පින් කරගන්න කියලා. එයා හිතාගෙන ඉන්නේ, 'නිවන කරා යන්න මට පින් මදි... ඒ නිසා මම පින් රැස් කරගන්න ඕනි...' කියලා. ඉතින් මොකද වෙන්නේ? කලාතුරකින් මනුස්ස ජීවිතයක් ලැබිලා... චතුරාර්ය සත්‍ය ධර්මය අවබෝධ කර ගන්න ලැබිච්ච අවස්ථාව, බුද්ධිය හසුරුවන්න ලැබිච්ච අවස්ථාව, එයා අත්හැර ගන්නවා. නමුත් මේ සංසාරේ දිහා බලනකොට අපට පේනවා, අපි බලාපොරොත්තු වෙච්ච විදිහට මනුස්ස ජීවිත ලබ ලබා, ඉපදි ඉපදී යන ගමනක් නෙමෙයි තියෙන්නේ. මේ සංසාරික සත්වයා වැඩි කාළයක් ජීවත් වෙන්නේ සතර අපායේ. එබඳු සංසාර ගමනක් ගත කරන සත්වයෙක් සතර අපායට නොවැටී ආයෙමත් මිනිස් ලෝකෙ උපදින්න නම්, එයා තුළ මනුස්ස ධර්ම ගොඩාක් දියුණු වෙලා තියෙන්න ඕනෑ.

කලාතුරකින් කෙනෙකුට ධර්මය අහන්න ලැබෙන්නේ...

මනුස්ස ජීවිතයක් ලබන හැම කෙනෙකුටම ගුණ ධර්ම දියුණු කරගන්න අවස්ථාවක් ලැබෙන්නේ නැහැ.

කලාතුරකින් තමයි කෙනෙකුට චතුරාර්ය සත්‍ය ධර්මය අහන්න ලැබෙන්නේ. මේ ගෙවී යන මනුස්ස ජීවිතෙන් වැඩිපුර කාලයක් අපට ධර්මය අහන්න ලැබෙන්නේ නැහැ. දැන් ඔබේ ජීවිතය ගත්තොත් මාසෙකට වතාවක් මේ භාවනා වැඩසටහනට ආවොත් විතරයි ඔබට ධර්මය අහන්න ලැබිලා තියෙන්නේ. ඒ අහපු ධර්මයනුත් බොහෝම සුළු ප්‍රමාණයයි කෙනෙක් සිතට ගන්නේ. නමුත් අපේ ජීවිත කාලය තුළ වැඩිපුරම අපට අහන්න ලැබෙන්නෙ වෙන වෙන දේවල්. අපට කතා කරන්න ලැබෙන්නේ වෙන වෙන දේවල්. අපට හිතන්න ලැබෙන්නේ වෙන වෙන දේවල්. ඒ නිසා ඔබ බුද්ධිමත් නම්, ඔබම හිතලා බලන්න, 'ක්ෂණ සම්පත්තිය කියන එක කොච්චර දුර්ලභ එකක් ද...' කියලා.

රෝග පීඩාවලට කූඩුවක්...

මේ වගේ රෝග පීඩා හැදෙන ශරීරයක්, ලෙඩ වෙන ශරීරයක් ලැබිලා තියෙන වෙලාවේ, අපි හැකි ඉක්මණින් ධර්මය අවබෝධ කරගන්න මහන්සි ගන්න ඕනෑ. බුදුරජාණන් වහන්සේ වදාළා, 'මේ ශරීරය ලෙඩ රෝග වලට කූඩුවක් වගේ...' කියලා. අපි දන්නවා කුරුල්ලෝ කූඩුවක් හදන්නේ බිත්තර දාන්න, පැටව් හදන්න කියලා. ඒ වගේම තමයි මේ ශරීරය කියන්නේ ලෙඩ රෝග පැටව් ගහන තැනක්. මේ ශරීරයේ තියෙන ඇත්ත ස්වභාවය නුවණින් විමසල විමසලා, අවබෝධ කරගන්න පුළුවන් වෙච්ච කෙනා ජීවිතය ගැන තේරුම් ගන්නවා. කෙනෙකුගේ ජීවිතය අවබෝධයක් කරා ගෙන යන්න නම්, මේ ශරීරයේ ආදීනව පැත්තමයි නිතර සිහි කරන්න ඕනි.

සංසාරෙට භය කෙනයි ජීවිතය අවබෝධ කර ගන්නේ...

සමහරු ඉන්නවා, 'මැරෙන්න බයත් නැහැ... උපදින්න බයත් නැහැ...' ඒ අය ඕනෑම වෙලාවක මැරෙන්න ලෑස්තියි. උපදින්නත් ලෑස්තියි. දීර්ඝ සංසාරේ ඔහේ පැටලි පැටලී යනවා. අපි ඉන්න ඕනෑ ඒ ගොඩේ නෙවෙයි. අපි ඉන්න ඕන, 'කොහොම හරි මැරෙන්න ඉස්සර වෙලා, ධර්මය අවබෝධ කරගන්නවා...' කියන අදහසේයි. මේ සංසාරේ ඉපදි ඉපදි ගිහිල්ලා ධර්මය දකින්න පුළුවන් නම්, මේ ගෙවා ගෙන ආපු සංසාර ගමන හොඳටම ඇති. බුදුරජාණන් වහන්සේ වදාළා, 'කල්පයක් ඇතුළත මිනිස් ජීවිත ලබලා, මරණයට පත්වෙලා, තමන්ගේ ඇට සැකිල්ල පොළවට පස්වුණේ නැත්නම්, ඒ කල්පය තුළ විතරක් ලැබිච්ච මිනිස් ඇටසැකිළි ටික විතරක් ගොඩ ගැහුවොත්, විශාල කන්දක් ගොඩ ගහන්න පුළුවන්' කියලා. එහෙම නම් අපි එබඳු කාල පරිච්ඡේදයක් පහු කරගෙනයි ඇවිල්ලා තියෙන්නේ. ගෙවාගෙන ආපු සංසාරේ අපි ඉපදිච්ච වාර ගණන ප්‍රකෝටි ගණනකටත් වඩා වැඩියි. ඉතින් එබඳු සංසාරයක අපි අනන්ත වාර ගණනක් ඉපදි ඉපදි ආවේ ක්ෂණ සම්පත්තිය නොලැබිච්ච නිසයි. කළාතුරකින් කෙනෙකුට තමයි එක බුද්ධ ශාසනයක් තුළ දෙතුන් වතාවක් ක්ෂණ සම්පත්තියක් උදාවෙන්නේ.

දුර්ලභ කාරණා දෙකක් එකතු වෙලා...

දැන් අපි දන්නවා මනුස්ස ජීවිතයක් ලබන එකම කොයිතරම් දුර්ලභ ද කියලා. බුදුරජාණන් වහන්සේ වදාළේ, මිනිස් ජීවිතයක් ලබනවා කියන එක, 'කණ කැස්බෑවා වියසිදුරෙන් අහස බලනවා වගේ වැඩක්...'

කියලයි. ඉතින් එහෙම එකේ, කලාතුරකින් ලෝකෙට පහළ වන බුද්ධ ශාසනයක් පවතින කාලයක මනුස්ස ජීවිතයක් ලබලා, ක්ෂණ සම්පත්තිය උදා කරගන්න එක කොච්චර දුර්ලභද? ඉතින් ඒ නිසා අපි මේක හොඳට තේරුම් ගන්න ඕනි. දුර්ලභ මනුස්ස ජීවිතේ අපට දැන් ලැබිලා තියෙනවා. අපි විතරක් නෙමෙයි මේ ලෝකෙ කෝටි හයසිය ගණනක ජනතාවක් මනුස්ස ජීවිත ලබලා තියෙනවා. නමුත් ඒකෙන් කීයෙන් කී දෙනාට ද ක්ෂණ සම්පත්තිය උදාවෙලා තියෙන්නේ...? එතකොට බලන්න 'මේ ක්ෂණ සම්පත්තියක් උදාවෙනවා' කියන එක කොයිතරම් දුර්ලභ දෙයක් ද කියලා.

පහාණ සඤ්ඤාව...

දැන් අපි කාරණා කීයක් ඉගෙන ගත්තද? හතරයි. පළවෙනි එක තමයි අනිත්‍ය වශයෙන් ජීවිතය දිහා බලන ක්‍රමය, අනිත්‍ය සඤ්ඤාව. දෙවෙනි එක අයිතිකාරයෙක් නැති දෙයක් හැටියට ජීවිතය දිහා බලන ක්‍රමය, අනත්ත සඤ්ඤාව. තුන්වෙනි එක අසුභ විදිහට ජීවිතය දිහා බලන ක්‍රමය, අසුභ සඤ්ඤාව. හතරවෙනි එක මේ කයේ හටගන්නා වූ නොයෙක් පීඩාවන් ආදීනව ලෙස බලන ක්‍රමය, ආදීනව සඤ්ඤාව. පස්වෙනි එක තමයි පහාණ සඤ්ඤාව.

බුදුරජාණන් වහන්සේ පෙන්වා දෙනවා, මේකෙන් ගැලවෙන්න නම් මේ විදිහට කරන්න කියලා. අපි සාමාන්‍යයෙන් කරන්නේ අවුල් වෙච්ච "ලණු පොටකට තව තවත් ලණු පොටවල් එකතු කරන එක මිසක්, ඒක ලිහා ගන්න කල්පනා කරන එක නෙවෙයි. මේ පහාණ සඤ්ඤාව කියන්නේ, අවුල ලිහාගන්න ක්‍රමයක්.

බුදුරජාණන් වහන්සේ වදාළා, 'උපන්නා වූ කාම විතර්ක ප්‍රහාණය කරන්න...' කියලා. කාම විතර්ක කියලා කිව්වේ, ආශා කරන රූප ගැන හිත හිතා ඉන්න එක. ආශා කරන ශබ්ද ගැන හිත හිතා ඉන්න එක. ආශා කරන සුවඳ ගැන හිත හිතා ඉන්න එක. ආශා කරන රස ගැන හිත හිතා ඉන්න එක. ආශා කරන පහස ගැන හිත හිතා ඉන්න එක. මේ විදිහට විතර්ක හිතට ආපු ගමන්, ඒවා හිතින් ඉවසන්න එපා කියනවා. ඒක බැහැර කරන්න. **(පජහති)** දුරින්ම දුරු කර දමන්න. **(විනෝදේති)** ආයේ කවදාවත් ඒක ඇති වෙන්න දෙන්න එපා. **(අනභාවං ගමේති)** බලන්න බුදුරජාණන් වහන්සේ පෙන්වලා දෙන්නෙ මේකෙන් ගැලවිලා යන්න හිතන්න ඕනෑ ක්‍රමය. ඒ ක්‍රමයට කියන්නේ 'පහාණ සඤ්ඤාව' කියලා.

බුද්ධිමත් අය මේ ලෝකෙ ඉන්නවා...

දැන් අපි දන්නවා මේ කාම විතර්ක ප්‍රහාණය කරන්න බැරිවෙච්ච නිසයි, කෙමනකට අහුවෙච්ච මාළු රැළක් වගේ, මඩේ එරිච්ච අලි ඇතුන් වගේ, සුළඟකට අහුවෙච්ච පරඬැලක් වගේ, මේ ජීවිතය කැළඹී කැළඹී කාමය පැත්තටම දුවන්නේ. බොහෝ දෙනෙක් මේ කාම විතර්ක ප්‍රහාණය කරන්න වීරියක් ගන්නේ නෑ. නමුත් මේ ලෝකෙ කාම විතර්ක ප්‍රහාණය කරන්න සමර්ථ අය ඉන්නවා. නුවණින් සිහි කර කර තමයි, මේ කාම විතර්ක ප්‍රහාණය කරන්න තියෙන්නේ. දුකින් නිදහස් වෙන්න කැමති කෙනා, මේ විදිහට නුවණින් කල්පනා කරලා, කාම විතර්ක ප්‍රහාණය කරන්න ඕනි.

ව්‍යාපාද විතර්කත් දුරු කරන්න ඕන...

ඊළඟට බුදුරජාණන් වහන්සේ පෙන්වලා දෙනවා

'උපන් ව්‍යාපාද විතර්කත් දුරුකරන්න...' කියලා. ව්‍යාපාද විතර්ක කිව්වේ, 'අසවලා මට බැන්නේ ය... අසවලා මට ගැහුවේ ය... අසවලා මට කතන්දර හැදුවේ ය... අසවලා මගේ ඇද කුද කීවේ ය. අසවලා මට හිත රිදෙන වචන කීවේ ය... අසවලා මගේ තරා තිරම නොසැලකුවේ ය... අසවලා මගේ ආනුභාවය ගණනකටවත් නොගත්තේ ය... කියලා හිත හිතා, හිතින් ගැටි ගැටී ඉන්න එකට.

බුදුරජාණන් වහන්සේ පෙන්වලා දෙනවා, 'ව්‍යාපාද විතර්ක ඇති වෙන කොටම ඒවා පිළිගන්න එපා කියලා. ඒවා බැහැර කරන්න. දුරින්ම දුරු කරලා දාන්න...' කියලා උන්වහන්සේ කියලා දෙනවා.

එයා හිංසා විතර්කත් බැහැර කරනවා...

ඊළඟට එයා මොකද කරන්නේ? තමන්ගේ හිතේ ඇති වෙන, අනුන්ට හිංසා කිරීමේ අදහස් බැහැර කරනවා. දුරු කරනවා. දුරින්ම දුරු කරලා දානවා.

දැන් අපි දන්නවා සාමාවතී ඇතුළු පන්සියයක් පිරිස, ව්‍යාපාද විතර්ක හිතට එන්න නොදී, හිංසා විතර්ක හිතේ ඇතිවෙන්න නොදී, දක්ෂ විදිහට මේ පහාණ සඤ්ඤාව පුරුදු කළා. 'ඛුජ්ජුත්තරා' ව තමයි සාමාවතියට මල් ගෙනාපු දාසිය. සාමාවතී බිසවුන් වහන්සේ දිනපතාම කහවණු හතරක් දෙනවා ඛුජ්ජුත්තරා දාසියට මල් ගේන්න කියලා. ඛුජ්ජුත්තරා මොකද කරන්නේ? කහවණු දෙකක් ඉණේ ගහගෙන, කහවණු දෙකකින් මල් ගේනවා. මෙහෙම කළාට ඛුජ්ජුත්තරා කියන්නේ බුද්ධිමත් කෙනෙක්. හොඳට නුවණ තියෙන කෙනෙක්. දවසක් ඛුජ්ජුත්තරාවට බුදුරජාණන් වහන්සේව මුණ ගැසුනා. උන්වහන්සේ චතුරාර්ය සත්‍යය ධර්මය දේශනා කළා. ඒ

වෙලාවේ ඛුජ්ජුත්තරාවට හිතුනා, "මේක ම තමයි ඇත්ත. මේක අයිතිකාරයෙක් නැති වැඩපිළිවෙලක්, මෙතන තියෙන්නේ හේතුඵල දහමක ක්‍රියාකාරීත්වයක්. හේතූන් නිසා ඵල හටගන්න ධර්මතාවයක්. මේ අයිතිකාරයෙක් නැති ලෝකය, මම බොරුවෙන් සතුටු කරන්න ඕන නෑ. මේ අයිතිකාරයෙක් නැති ලෝකය, මම හොරකමින් සතුටු කරන්න ඕනි නෑ. මම වංචාවෙන් සතුටු කරන්න ඕනි නැහැ..." කියලා. අන්න එදා එයා අවබෝධයෙන්ම අවංක වුණා. ක්ෂණ සම්පත්තිය උදා කරගන්න, ඛුජ්ජුත්තරාවට වාසනාව ලැබුණා.

අවබෝධයෙන්මයි සීලයක පිහිටියේ...

ඉතින් එදා කඩේ ගිහින් කහවණු හතරටම මල් ගත්තා. දැන් මල් අරගෙන මාළිගාවට යනකොට... වෙනදා වගේ නෙවෙයි, මල් දෙගුණ වෙලා. සාමාවතී ඇහුවා, "ඛුජ්ජුත්තරා මොකද මේ? අද මල්කාරයට මක් වෙලාද, මේ වැඩිපුර මල් දීලා තියෙන්නේ?" කියලා. "නෑ, පින්වත් දේවීන් වහන්ස, මල්කාරයා මල් වැඩිපුර දුන්නේ නැහැ. අද තමයි මම නියම ගානට මල් ගෙනාවේ..." කියලා ඛුජ්ජුත්තරාව උත්තර දුන්නා. සාමාවතිය ආයෙත් අහනවා, "ඒ මොකද...?" කියලා. "අනේ, දේවීන් වහන්ස, මම අද ජීවිතේ ඇත්ත දැක්කා. මට ජීවිතේ යථාර්ථය පේනවා. ඇත්ත ඉදිරියේ මට බොරුව පවත්වන්න බැහැ. අදින් පස්සේ මගෙ අතින් මේ වැරැද්ද සිද්ධ වෙන්නේ නැහැ..." කියලා ඛුජ්ජුත්තරාව කිව්වා. සාමාවතියට හරීම පුදුමයි. මල් ගේන්න ගිය ගෑණු ළමයා ආපහු එනකොට පුදුම විදිහට වෙනස් වෙලා. "ඛුජ්ජුත්තරා, උඹ ඇත්ත කියපං... මොකද වුණේ?" කියලා ඇහැව්වා. ඛුජ්ජුත්තරාව කියනවා, "මට හම්බවුණා ලෝකෙ බුද්ධිමත් ම කෙනා. උන්වහන්සේ මට

ජීවිතේ ගැන කියල දුන්නා. ඒක මට අවබෝධ වුණා. ඒක තමයි ඇත්ත..." කියලා.

ක්ෂණ සම්පත්තිය මතු වෙන හැටි...

ඉතින් සාමාවතිය කියනවා, "අනේ, ඛුජ්ජුත්තරා, උඹ දැකපු ඒ ඇත්ත අපටත් කියලා දීපන්... අද ඉඳලා මම කහවණු අටක් දෙනවා. හතරක මල් අරගෙන වරෙන්. ඉතුරු හතර උඹ තියාගනින්..." කියලා. "හා! හොඳයි" කියලා, ඛුජ්ජුත්තරාව මොකද කළේ? බුදුරජාණන් වහන්සේ දහම් දෙසන තැනට ගිහිල්ලා, ශ්‍රී සද්ධර්මය ශ්‍රවණය කරලා, ඒක අහගෙන ඇවිල්ලා සාමාවතිය ඇතුළු පිරිසට කියා දෙනවා. දැන් බලන්න ඛුජ්ජුත්තරාව හරහා අර සාමාවතී ප්‍රධාන පන්සියයක් කාන්තාවන්ට ක්ෂණ සම්පත්තිය උදාවෙච්ච හැටි.

මේ අය බුදුරජාණන් වහන්සේව ඇස් දෙකෙන් දැකලත් නෙවෙයි. ඒ ගැන දන්නෙත් නැහැ. ඉස්සෙල්ලාම ඛුජ්ජුත්තරා ධර්මය අහගෙන ආපු වෙලාවේ, සාමාවතිය හොඳ සැප පුටුවක වාඩිවෙලා කිව්වා, "හා! දැන් බණ කියපන්..." කියලා. නමුත් ඛුජ්ජුත්තරා එහෙම බණ කිව්වේ නෑ. "එහෙම බණ කියන්න බෑ. බණ කියන කෙනා උස් ආසනයක ඉඳගෙන, ධර්මය අහන කෙනා බිම වාඩි වෙන්න ඕන. ඒක තමයි ධර්ම ගෞරවය..." කියලා කිව්වා. "හා! හොඳයි..." කියලා සාමාවතී නිහතමානී වුණා. ඛුජ්ජුත්තරාවට උස් ආසනයත් දීලා මේ අය බිමින් වාඩි වුණා. දැක්ක නේද ධර්මය අල්ලන්න හේතුව? කොච්චර නිහතමානීකමක්ද? මාන්නක්කාර නෝනා කෙනෙක් නම් කියයි, "අනේ! උඹේ බණ තියාගනින්..." කියලා. එහෙම කිව්ව නම් ක්ෂණ සම්පත්තිය අහිමි වෙනවා.

බලන්න එතකොට ක්ෂණ සම්පත්තිය උදාකරගන්න හේතු වුණේ, නිහතමානීව ධර්මයට සවන්දීම නේද? සාමාවතිය බොහෝම නිහතමානීව කිව්වා "කමක් නෑ, කමක් නෑ, ඛුජ්ජුත්තරා, මම ඕන විදිහකට ඉන්නම්. මගේ ජීවිතේ වෙනසක් ඇති කරගන්න මටත් ඒ ධර්මය කියපන්..." කියලා.

ධර්මය හැටියට කියලා දුන්නේ තමන්ගේ අදහස් නෙමෙයි...

ඔන්න සාමාවතිය ඇතුළු පිරිස අහගෙන සිටියා. ගෙදර වැඩකාර කෙල්ල, ඛුජ්ජුත්තරා තමයි දැන් ධර්මය කියා දෙන්නේ. මොනවද ධර්මය හැටියට කිව්වේ? වෙන මොනවත් නෙමෙයි, අපි මෙච්චර වෙලා කතා කරපු දේවල් තමයි කියලා දෙන්නේ. අයිතිකාරයෙක් නැති ජීවිතය ගැන, අස්ථිර ලෝකය ගැන, අසුභ ලෝකය ගැන, මේ කාමයන්ගේ තියෙන ආදීනව ගැන තමයි කියා දෙන්නේ. මේවා කියල දෙනකොට සාමාවතිය ඇතුළු පන්සියයක් කාන්තාවන් ඊට අනුව හිත මෙහෙයවන්න පටන් ගත්තා. ඉතින් මේ විදිහට ධර්මය අහලා, බණ භාවනා කරන කොට ධර්මයේ හැසිරෙන කොට, මේගොල්ලන්ටත් හිටියා විරුද්ධකාරයෙක්. කවුද ඒ? 'මාගන්දියා' කියන කාන්තාව. එයත් රජ බිසවක්. මාගන්දියා ඉස්සෙල්ලාම තරහ වුණේ, බුදුරජාණන් වහන්සේත් එක්ක. තරහ වෙන්න හේතුව තමයි, බුදුරජාණන් වහන්සේ මේ ශරීරය ගැන වදාළ ධර්මය. 'ඔපදාපු අසූචි කළයක් වගේ තියෙන ඔය ශරීරය, මම පයින්වත් ස්පර්ශ කරන්න කැමති නැහැ...' කියලා උන්වහන්සේ දවසක් මාගන්දියාට කිව්වා. අන්න ඒකට ඒ කාන්තාව වෛර බැඳ ගත්තා. ඒ විතරක් නෙවෙයි. යමෙක්

තෙරුවන් සරණ යනවද, එයා එක්කත් තරහයි. යමෙක් ධර්මයේ හැසිරෙනවද එයා එක්කත් තරහයි. අදත් ඉන්නවා මේ වගේ, මාගන්දියාගේ ගෘප් එකේ කට්ටිය.

නිරයේ යන්න පාර කපා ගන්න හැටි...

දැන් මාගන්දියාට ඉවසන්න බැහැ. මොකද? සාමාවතී ඇතුළු පිරිස ධර්මයේ හැසිරෙනවා. භාවනා කරනවා. හරිම කේන්තියි ඒ ගැන. එයා මොකද කළේ? ඇගේ මාමණ්ඩිලාට අර පිරිස විනාශ කරන්න උපදෙස් දුන්නා..."අර මාළිගාවේ කණුවලට පාංකඩ ඔතලා, තෙල් වක්කරලා ගිනි තියපන්..." කියලා. ඉතින් මේ චණ්ඩි මාමලා ටික මොකද කළේ? අර මාළිගාවේ දොරවල් ඔක්කෝම වහලා, තෙල් වක්කරලා ගිනි තිබ්බා. දැන් මේ පිරිස ගින්නට මැදි වෙලයි ඉන්නෙ. දැන් අනුශාසනා කරන්නේ ඛුජ්ජුත්තරා නෙමෙයි, සාමාවතියයි අනුශාසනා කරන්නේ. සාමාවතී අනිත් කාන්තාවන්ට කියනවා, "මේක තමයි ජීවිතේ. ඉපදි, ඉපදි යන සංසාරේ මේ විදිහට අපි කොච්චර මැරෙන්න ඇද්ද? එක්කෙනෙක්වත් හිත කලබල කරගන්න එපා! තරහක් ඇති කරගන්න එපා! සියලු දෙනාම පහාණ සඤ්ඤාව වඩන්න..." කියලා. ඒ සියලුදෙනාම මාර්ගඵල ලැබුවා. බලන්න එතකොට ඒ සියලුදෙනාම අමුවෙන් දැවෙන දර සෑයක් ඇතුලේ තමයි මාර්ගඵල ලැබුවේ. ඒ පිරිස එල්ලුනේ කොහේද? ධර්මයේ තමයි එල්ලුනේ. අධර්මයේ ද්වේශයේ එල්ලුනා නම් විනාසයි. ඒ නිසා කෙනෙක් එල්ලෙන්න ඕනි ධර්මයේමයි. විශ්වාස කරන්න ඕනි ධර්මයමයි. අපි මේ සංසාරේ දිගින් දිගටම අමාරුවේ වැටි වැටී ආවේ හිත විශ්වාස කරපු නිසයි. හිත කියන්නේ බොහෝ කාලයක් තිස්සේ නොමග ගිය එකක්. හිත කියන්නෙ බොළඳ එකක්. හරිම වංචනික එකක්. ඒ

වගේම මායාකාරී එකක්. දැකීමට දුෂ්කර එකක්. දමනය කිරීමට අපහසු එකක්. එබඳු හිතක් විශ්වාස කරන්න ගියොත්, අපි අමාරුවේ වැටෙනවා. ඒ නිසා විශ්වාස කරන්න තියෙන්නේ ධර්මයමයි. ධර්මය විශ්වාස කරගෙන, ධර්මය තුළ රැඳිලා, ධර්මය තුළ ජීවත් වෙන්න පුරුදු වෙච්ච නිසයි සාමාවතී වගේ අයට එබඳු දුෂ්කර මොහොතක පවා ජීවිතේ ජයගන්න පුළුවන් වුණේ. ගිනි ජාලාවන් නැගෙද්දි, පණ පිටින් ඒකට මැදිවෙච්ච කෙනෙක් හිත හදාගන්නවා කියන එක සුළු පටු දෙයක් නොවෙයි. දැන් අපට වෙලා තියෙන්නේ.... චූටි දෙයක් වෙච්ච ගමන් මූණ එල්ල ගන්නවා. කඳුළු වගුරෝනවා. අඬ අඬා යනවා. නමුත් බුදුරජාණන් වහන්සේ පෙන්වලා දෙන්නේ බොළඳ හිතට ඉඩ නොදී ධර්මය කරාම යන්න කියලයි.

ජීවිතය දිහා බලන්න ඕනි මෙහෙමයි...

දැන් අපි ජීවිතය දිහා බලන ක්‍රම පහක් ඉගෙන ගත්තා.

(01) අනිත්‍ය සඤ්ඤාව - අනිත්‍ය වශයෙන් ජීවිතය දිහා බලන ක්‍රමය.

(02) අනත්ත සඤ්ඤාව - අයිතිකාරයෙක් නැති දෙයක් දිහා බලන විදිහට ජීවිතය දෙස බලන ක්‍රමය.

(03) අසුභ සඤ්ඤාව - අසුභ වශයෙන් ජීවිතය දිහා බලන ක්‍රමය.

(04) ආදීනව සඤ්ඤාව - ආදීනව වශයෙන් ජීවිතය දිහා බලන ක්‍රමය.

(05) පහාණ සඤ්ඤාව - දුරු කිරීම් වශයෙන් ජීවිතය දිහා බලන ක්‍රමය

මේ විදිහට ජීවිතය දිහා බලනවා කියන එක අපිට පුරුදු නැති එකක්. අපි ජීවිතය දිහා බලන්න පුරුදු වුණේ, මීට හාත්පසින්ම වෙනස් ක්‍රමයකට. දැන් අපි හිතමු අපට අසනීපයක් හැදුනා කියලා. අපේ ස්වභාවය තමයි, ඒක ගැනම හිත හිතා ලතැවෙන එක. කලාතුරකින් කෙනෙක් තමයි කියන්නේ, "බලන්න මේ ජීවිතේ හැටි... බලන්න මේ ශරීරයේ හැටි... මෙබඳු ශරීරයක් ලබා ගෙනනෙ අපි මේ සංසාරේ ආශ්වාදයක් සොය සොයා ආවේ..." කියලා.

යථාර්ථයට බයේ සමහරු හැංගෙනවා...

සමහරු ලෙඩක් දුකක් හැදිලා, විරූපි වුණාට පස්සේ... පේන්න එන්නෙත් නැහැ, හැංගෙනවා. ඒක තමයි මේ ලෝකෙ ස්වභාවය. අපි දන්නේ නැහැ... අපට කොයි විදිහට, කොතැනක, මොන ආකාරයකින් මැරෙන්න සිදුවේවි ද කියලා. 'වසූරිය' හැදිලා රහතන් වහන්සේලා පිරිනිවන්පාලා තියෙනවා. ලේ බඩ ගිහිල්ලා පිරිනිවන්පාලා තියෙනවා. සතුන් සර්පයෝ දෂ්ඨ කරලා, නොයෙක් ලෙඩ රෝග හැදිලා, වළඳපු ආහාර දිරවා ගන්න බැරිව රහතන් වහන්සේලා පිරිනිවන්පාලා තියෙනවා. ඉතින් එහෙම එකේ, අපේ ජීවිතවල මොනවා රකින්නද? අයිතිකාරයෙක් නැති ජීවිතයක, රැකගන්න තියෙන්නේ එකම එක දෙයයි. ඒ තමයි මේ හිත. ධර්මය තුළින් හිත රැකගන්න හැටි තමයි බුදුරජාණන් වහන්සේලා පහළ වෙලා අපට කියලා දෙන්නේ.

ශ්‍රද්ධාව තුළ ස්ථාවර වෙන්න ඕනි...

නුවණ තියන කෙනෙකුට මේ ධර්මය අවබෝධ කරගන්න පුළුවන්කම තියෙනවා මේක දුර්ලභව ලැබිච්ච අවස්ථාවක්. සමහර විට කල්ප ගානකට පස්සේ තමයි

අපට මේ ක්ෂණ සම්පත්තියක් උදාකරගන්න අවස්ථාවක් ලැබුණේ. ඒ නිසා මේකේ වටිනාකම හොඳට තේරුම් ගන්න ඕනි. එක එක්කෙනාගේ මතවලට අනුව, එක එක්කෙනාගේ කියමන්වලට අනුව, තමන්ගේ ක්ෂණ සම්පත්තිය අහිමි කරගන්නෙ නැතිව, කාටවත් වෙනස් කරන්න බැරි ශ්‍රද්ධාවක පිහිටන්න ඕනි. කෙනෙක් මෙහෙම කියන්න පුළුවන්, "මොන නිවන් ද... අත්ඇරපන් ඕක..." කියලා. එතකොට තමන් ධර්මය අත්හරින්න ලෑස්ති නම්, තමන් තුළ ශ්‍රද්ධාවක් තිබිලා නැහැ. එක එක්කෙනාගේ අදහස්වලට අනුව වැනෙන ගතියක් තමයි තිබිලා තියෙන්නේ. ඒ නිසා ජීවිතය ගැන ඇත්ත කියලා දෙන ධර්මය ගැන, තමන් තුළ ශ්‍රද්ධාවක් ඇති කරගන්න ඕනි. ඒක කරන්න ඕන අවබෝධයෙන්මයි. අවබෝධයෙන් ශ්‍රද්ධාව ඇතිවෙච්ච දවසට එයාට කවුරු මොනවා කිව්වත්, එයා ශ්‍රද්ධාව තුළයි රැඳී ඉන්නේ. පෘථග්ජන සමාජයේ පිරිස ඕන තරම් දේවල් කියයි. "මොන අනිත්‍ය සඤ්ඤාවක් ද, එපා ඕවා කරන්න... මොන මාර්ගඵල ද? බලන්න පුළුවන් නම් අඟලක් උඩින් පලයං" කියයි. මෙහෙම කියනකොට තමන්ගේ ශ්‍රද්ධාව සැලෙනවා නම්, 'අසවලා මට මෙහෙම කියනවා...' කියලා කම්පා වෙනවා නම්, ඒකේ තේරුම තමන්ට ශ්‍රද්ධාවක් තිබිලා නෑ කියන එකයි. ඒ නිසා බුදුරජාණන් වහන්සේගේ ධර්මය සම්බන්ධයෙන් අපි තුළ ඇති කරගන්න ඕන, කිසි කෙනෙකුට වෙනස් කරන්න බැරි විදිහට අචල ප්‍රසාදයක්. අන්න එහෙම ශ්‍රද්ධාවක් ඇති කරගත්තු කෙනෙක් තමයි මේ ධර්ම මාර්ගය තුළ දියුණුවක් කරා යන්නේ.

විරාග සඤ්ඤාව...

දැන් අපි ගිරිමානන්ද සූත්‍රයේ සඳහන් වෙන සඤ්ඤා

පහක් ඉගෙන ගත්තා. ඒ තමයි,

(01) අනිත්‍ය සඤ්ඤාව

(02) අනත්ත සඤ්ඤාව

(03) අසුභ සඤ්ඤාව

(04) ආදීනව සඤ්ඤාව

(05) පහාන සඤ්ඤාව

අපට තව සඤ්ඤා පහක් ඉගෙන ගන්න තියෙනවා. ඒ තමයි විරාග සඤ්ඤා, නිරෝධ සඤ්ඤා, සබ්බලෝකේ අනභිරත සඤ්ඤා, සබ්බ සංඛාරේසු අනිච්ච සඤ්ඤා, අනාපානසති...

දැන් අපි ඉගෙන ගන්නේ විරාග සඤ්ඤාව. ඒක බුදුරජාණන් වහන්සේ විස්තර කරනවා මේ විදිහට. භික්ෂුවක් ආරණ්‍යයකට හෝ රුක් සෙවණකට හෝ හුදෙකලා තැනකට ගිහිල්ලා, මේ විදිහට සිහි කරනවා.

(ඒතං සන්තං) මෙයයි ශාන්ත, **(ඒතං පණීතං)** මෙයයි ප්‍රණීත, **(යදිදං සබ්බ සංඛාර සමථෝ)** පුඤ්ඤාභි සංඛාර, අපුඤ්ඤාභි සංඛාර, ආනෙඤ්ජාභි සංඛාර සංසිඳී ගිය තැන, **(තණ්හක්ඛයෝ)** තණ්හාව ක්ෂය වී ගිය, **(විරාගෝ)** නොඇල්ම ඇති වූ, **(නිබ්බාණං)** නිර්වාණයයි කියලා සිහි කරනවා.

අන්න ශ්‍රාවකයා විසින් සිහිකරන එකක්. මේක සමාධියක්, සමාපත්තියක්. මේ සමාපත්තිය තුළ පුඤ්ඤාභි සංඛාර ක්ෂය වෙලා ගිහින් ඒක සංසිඳිලා, අපුඤ්ඤාභි සංඛාරත් සංසිඳිලා, ආනෙඤ්ජාභි සංඛාරත් සංසිඳිලා. සියලු කෙලෙස් සහිත කර්ම දුරුවෙලා. තණ්හාව ක්ෂය වෙලා. මේ විරාගී 'නිවන'ම තමයි ශාන්ත. නිවනමයි

ශාන්ත කියල සමාධියක් දියුණු කරනවා. මේකට කියන්නේ 'ඵල සමාපත්තිය' කියලා. මේක දියුණු කරන්න පුළුවන් අනාගාමී වෙච්ච කෙනෙකුට විතරයි. අනාගාමි ඵලයට පත්වෙච්ච කෙනෙක් අරහත් ඵලය සාක්ෂාත් කිරීම පිණිස අරහත් මාර්ගයේ ගමන් කරද්දි ඇති කරගන්න ඵල සමාපත්තියක් තමයි මේ 'විරාග සඤ්ඤාව' කියලා කියන්නේ.

හීනෙකින්වත් හිතපු නැති දේවල්...

දැන් බලන්න බුදුරජාණන් වහන්සේගේ ධර්මය තුළින් මේ ලෝකේ කිසිදාක නොඇසූ විරූ දේවල් අසා දැනගන්න හැකියාව අපට ලැබිලා තියෙනවා. දැන් අපි කවුරුත් දැනගෙන හිටියේ නෑ, 'මේ හිතේ මේවා දියුණු කරන්න පුළුවන්' කියලා. නමුත් බුදුරජාණන් වහන්සේ දේශනා කරනවා, මේ සිත තුළ මේ මේ විදිහට දියුණු කරන්න පුළුවන් හැකියාවක් අප තුළ තියෙනවා කියලා. දැන් අපි මේක හොඳට තේරුම් ගන්න ඕනි. මෙතැන සඤ්ඤාවක් තියෙනවා. 'දනිමි.... දනිමි... දනිමි...' කියාගෙන යනකොට නොදැනී යන එකක් නෙමෙයි. මේ කියන්නේ සඤ්ඤාවක් ගැන, සඤ්ඤාව කියන්නේ නොදැනී ගිය දෙයක් නෙමෙයි, සඤ්ඤාව කියන්නේ හඳුනාගැනීමක් තියෙන, දන්න දෙයක් මේ සමාපත්ති හිත තුළ තියෙන වෙලාවට එයා තමන්ගේ නිකෙලෙස් බව සිහි කරනවා. ඒක සිහි කරන්නේ මෙහෙමයි.

"මෙයමයි ශාන්ත, මෙයමයි ප්‍රණීත, පුඤ්ඤාභි සංස්කාර සංසිඳුණු. අපුඤ්ඤාභි සංස්කාර සංසිඳුණු, අනේඤ්ඤාභි සංස්කාර සංසිඳුණු, සියලු කෙලෙස් සහිත කර්ම ගෙවා දැමූ, තණ්හාව ක්ෂය වී ගිය 'විරාගී නිවන' කියලා. එයාට හිතන්න පුළුවන්කම ඒ සමාපත්තිය

තුළ තියෙනවා. දැන් එතකොට තේරුම් ගන්න 'නිවන අරමුණු කරනවා' කියන්නේ මෙන්න මේකටයි. මෙතැන සඤ්ඤාවක් තියෙනවා. හඳුනාගැනීමක් තියෙනවා. මොකක්ද ඒ හඳුනාගැනීම? ඒ තමයි විරාග සඤ්ඤාව, නොඇලී සිටින බව. කෙනෙකුට නිකම් නොඇලී සිටින්න බැහැ. ඊට කලින් එයා ඇති කරගන්න ඕනි නිබ්බිදාව. නිබ්බිදාව කිව්වේ අවබෝධයෙන්ම කලකිරීම. අවබෝධයෙන් කලකිරීම නිකන් ඇති වෙන්නේ නැහැ. යථාභූත ඥාණය ඇති කරගත්තොත් තමයි අවබෝධයෙන් කලකිරෙන්නේ. යථාභූත ඥාණය ඇති කරගන්න නම්, සමථ-විදර්ශනා වඩන්න ඕනි. අන්න ඒ සඳහා එයා ආර්ය අෂ්ටාංගික මාර්ගයේ ගමන් කරන්න ඕනි. ආර්ය අෂ්ටාංගික මාර්ගයේ ගමන් කරන කෙනෙක් දියුණු මට්ටමෙන් සමථ-විදර්ශනා වඩද්දි, යථාභූත ඥාණය ඇති වෙලා, අවබෝධයෙන් කලකිරිලා, අත්දකින්න තියෙන්නේ විරාගී වූ, තණ්හාව ක්ෂය වන නිවන ගැනයි මේ විරාග සඤ්ඤාවෙන් කියන්නේ.

පෘථග්ජනයෙකුට ලබන්න බැරි සමාපත්තියක්...

බුදුරජාණන් වහන්සේ ඒ ගැන මෙන්න මේ විදිහට දේශනා කරලා තියෙනවා. ඒ සමාපත්තිය තුළ සඤ්ඤාවක් තිබුණට, ඒ සඤ්ඤාව පඨවි ධාතුව ඇසුරු කරලා නැහැ. ආපෝ ධාතුව ඇසුරු කරලා නැහැ. තේජෝ ධාතුව ඇසුරු කරලා නැහැ. වායෝ ධාතුව ඇසුරු කරලා නැහැ. ඊළඟට කියනවා... ඇස, කන, නාසය, දිව, කය, මනස කියන මේ ආයතන හය ඇසුරු කරල නැහැ. රූප, වේදනා, සඤ්ඤා, සංස්කාර, විඤ්ඤාණ කියන පංච උපාදානස්කන්ධය ඇසුරු කරලා නැහැ. මෙලොව ඇසුරු කරලා නැහැ. පරලොව ඇසුරු කරලත් නැහැ. අන්න ඒ වගේ දෙයක්

තමයි, මේ විරාග සඤ්ඤා සමාපත්තිය තුළ තියෙන සඤ්ඤාව. විරාගී වූ නිවනෙමයි පිහිටලා තියෙන්නේ.

අපි හැම තිස්සේම හිතුවොත් හිතන්නේ, එක්කො පඨවි ධාතුවට බැඳිලා, එහෙම නැත්නම් ආපෝ ධාතුවට බැඳිලා. එක්කො තේජෝ ධාතුවට බැඳිලා. එක්කො වායෝ ධාතුවට බැඳිලා. එක්කො ආයතන හයට බැඳිලා. එහෙම නැත්නම් පංච උපාදානස්කන්ධයට බැඳිලා. එක්කො මොලොවට බැඳිලා. එක්කො පරලොවට බැඳිලා. මේ මොකක් හරි එහෙකට බැඳිලා තමයි අපි හිතන්නේ. මෙතැන තියෙන්නේ එහෙම එකක් නෙමෙයි. බැඳීමක් එක්ක හිතන නිසා, අපි දන්නවා බැඳීමක් තියෙනවා කියලා. මේ සමාපත්තිය තුළ තියෙන්නේ... බැඳීමක් එක්ක හිතන කෙනෙකු, බැඳීමක් නැතුව හිතන්න පුළුවන් ක්‍රමයක්. බැඳීමක් නැතුව හිතන්න නම් අර කියපු විදිහට සමථ-විදර්ශනා වැඩිලා යථාභූත ඤාණය ඇතිවෙලා, විරාගයට පත්වෙන්න ඕන. අන්න ඒ කෙනා තණ්හාව ක්ෂය වෙන කොට, ක්ෂය වෙන කොට, මේ තමයි 'නිවන' කියලා අවබෝධ කරනවා.

ලෝකයේ වෙන කිසිම පොතක මෙහෙම ධර්මයක් සඳහන් වෙලා නැහැ...

එතකොට මෙයා 'නිවන' කියලා අරමුණු කරන්නේ මොකක්ද? තණ්හාව ක්ෂය වීම. තණ්හාව ක්ෂය වෙන කොට පුඤ්ඤාභි සංඛාර ක්ෂය වෙනවා. අපුඤ්ඤාභි සංඛාර ක්ෂය වෙනවා. අනේඤ්ඤාභි සංඛාර ක්ෂය වෙනවා. සියලු කෙලෙස් සහිත කර්ම ක්ෂය වෙලා යනවා. අන්න එතකොට එයා මේ 'නිවන' තමයි කියලා අත් දකිනවා.

ඔබට මතක ඇති බීජ සූත්‍රයෙන් අපි ඉගෙන ගත්තා මේ විඤ්ඤාණය තියෙන්නේ රූපයේ බැසගෙන, වේදනාවේ බැසගෙන, සඤ්ඤාවේ බැසගෙන, සංස්කාරයේ බැසගෙන කියලා. නමුත් විදර්ශනා වඩනකොට මොකක්ද වෙන්නේ? විඤ්ඤාණය ඒවායේ බැසගන්නේ නැතිව ඒක අත්හරිනවා. ඒ කෙරෙහි තියෙන තණ්හාව ක්ෂය වුණාම ඒ කෙරෙහි නොඇලෙනවා. අන්න එයා තමයි නිවන සාක්ෂාත් කරන කෙනා.

කිසිම බුද්ධ දේශනාවක නිවන අරමුණු කරනවා, 'නාමරූප නිරෝධය අරමුණු කරනවා' කියලා විස්තරයක් නැහැ. නාමරූප නිරෝධය අරමුණු වීම 'නිවන' යි කියලා, බුදුරජාණන් වහන්සේ කොහේවත් දේශනා කරලා නැහැ. බුද්ධ දේශනාවේ තියෙන ආකාරයට 'නිවන අරමුණු කරනවා' කියන්නේ මේ විරාග සඤ්ඤාවමයි. වෙන දෙයක් නැහැ.

නිරෝධ සඤ්ඤාව...

ඊළඟට බුදුරජාණන් වහන්සේ පැහැදිලි කරනවා මේ විදිහට. භික්ෂුවක් ආරණ්‍යයකට හෝ රුක් සෙවණකට හෝ නිදහස් තැනකට ගිහිල්ලා මේ විදිහට හිතනවා, 'මෙයයි ශාන්ත... මෙයයි ප්‍රණීත... සියලු පුඤ්ඤාභි සංඛාර, අපුඤ්ඤාභි සංඛාර, අනේඤ්ජාභි සංඛාර සංසිඳී ගිය... සියළු කෙලෙස් සහිත කර්ම සංසිඳී ගිය... තණ්හාව ක්ෂය වීම නම් වූ, තණ්හාව නිරුද්ධ වීම නම් වූ නිවනයි...' කියලා. එතකොට බලන්න මේ නිරෝධ සඤ්ඤාව තුළත් හඳුනා ගැනීමක් තියෙනවා. මේක මේ ගැඹුරු නින්දකට පත්වුණා වගේ එකක් නොවෙයි. අවබෝධඥාණයකින් එයා තුළ ඇතිවෙන යථාභූත ඥාණයක්. ඒ මොකක්ද?

එයාට දුක ආර්‍ය සත්‍යයක් බව පරිපූර්ණ වශයෙන් අවබෝධ වෙලා තියෙනවා. ඒ නිසා එයා තේරුම් අරගෙන තියෙනවා, 'මේ රූප, වේදනා, සඤ්ඤා, සංඛාර, විඤ්ඤාණ... පඨවි, ආපෝ, තේජෝ, වායෝ, ආකාස, විඤ්ඤාණ... ඇස, කන, නාසය, දිව, කය, මනස කියන ආයතන හය, පටිච්චසමුප්පාදය කියන මේ සියලුම දේවල් තුළ එයා එකම ලක්ෂණයක් දකිනවා. ඒ තමයි අනිත්‍ය ය. ඒ අනිත්‍ය නිසාම ඒවා දුකයි. යමක් අනිත්‍ය නම්, දුක නම්, ඒකට අයිතිකාරයෙක් ගාවන්න බැහැ. ඒක අනාත්මයි. මෙන්න මේ දර්ශනය සම්පූර්ණ වෙන්නේ, අවබෝධය සම්පූර්ණ වෙන්නේ සමථ-විදර්ශනා වැඩීම තුළින්. අන්න ඒ කෙනා තමයි, ඉතාමත් නිවැරදිව තමන්ගේ අවබෝධයත් එක්කම කෙමෙන් කෙමෙන් නිකෙලෙස් වෙන්නේ. දැන් මේ කියන්නේ අරහත් ඵල සමාපත්තිය ගැන.

අනාගාමී කෙනෙකුට විතරයි මේක පුළුවන්...

කිසිම බුද්ධ දේශනාවක නැහැ 'සෝතාපන්න වෙච්ච අයටත්, සෝතාපන්න ඵල සමාපත්තියක් තියෙනවා කියලා. අනාගාමී වෙච්ච කෙනෙක් තමයි මේ ඵල සමාපත්තිය අත් දකින්නේ. එයා නිවන ගැන විශේෂයෙන් හඳුනාගන්නවා, 'මෙයමයි ශාන්ත... මෙයමයි ප්‍රණීත... ඒ කියන්නෙ පුඤ්ඤාභි සංඛාර සංසිඳී ගිය... අපුඤ්ඤාභි සංඛාර සංසිඳී ගිය... ආනෙඤ්ජාභි සංඛාර සංසිඳී ගිය... සියලු කෙලෙස් සහිත කර්ම දුරු වෙලා... තණ්හාව ක්ෂය වෙලා... තණ්හාව නිරුද්ධ වෙලා ගිය තැන තමයි නිවන කියන්නේ...' කියලා.

එතකොට පින්වතුනි, මේ නිවන කියලා කියන්නේ සාක්ෂාත් කරන එකක් කියල හොඳට මතක තියා

ගන්න ඕනි. සාක්ෂාත් කරන්න තියෙන්නේ අවබෝධ කරලයි. අන්න එදාට එයා නිවන අත්දකිනවා. ඒ තුළ එයා පඨවි ධාතුවට බැඳෙන්නේ නෑ. ආපෝ ධාතුවට බැඳෙන්නේ නෑ. තේජෝ ධාතුවට බැඳෙන්නේ නෑ. වායෝ ධාතුවට බැඳෙන්නේ නෑ. ආකාස ධාතුවට බැඳෙන්නේ නෑ. විඤ්ඤාණ ධාතුවට බැඳෙන්නේ නෑ. පංච උපාදානස්කන්ධයට බැඳෙන්නේ නෑ. ආයතන හයට බැඳෙන්නේ නෑ. මෙලොවට බැඳෙන්නේ නැහැ. පරලොවට බැඳෙන්නේ නැහැ. ඒ කිසි දේකට නොබැඳී ගිය අවස්ථාව තමයි, මේ 'නිරෝධ සඤ්ඤාව'. හැබැයි ඒ අවස්ථාව එයා දන්නවා. ඒක හඳුනාගෙනයි ඉන්නේ. අන්න ඒ නිසයි ඒකට 'ඵල සමාපත්තිය' කියන්නේ.

මේක දැනගන්න ලැබීම පවා කොයිතරම් භාග්‍යයක් ද...?

බලන්න එතකොට බුදුරජාණන් වහන්සේගේ ධර්මය තුළ, මේ ජීවිතය ගැන කොයිතරම් ගැඹුරට කතා කරනවද කියලා. එක්තරා අවස්ථාවක භික්ෂුණියක් ආනන්ද හාමුදුරුවන්ට ප්‍රකාශ කළා, "පින්වත් ස්වාමීන් වහන්ස, යමෙක් සතර සතිපට්ඨානය මනාකොට වැඩුවොත් එයා විශේෂ භාවයට පත්වෙනවා..." කියලා. ඉතින් ආනන්ද හාමුදුරුවෝ ඒ භික්ෂුණියගෙන් ඇහැව්වා, "සතර සතිපට්ඨානය කොහොම වැඩුවොත්ද විශේෂ භාවයට පත්වෙන්නේ...?" කියලා. අන්න ඒ වෙලාවේ ඒ භික්ෂුණිය පිළිතුරු දුන්නෙත් විරාග සඤ්ඤාව ගැන ම යි. ඒ කියන්නේ "පඨවි ධාතුව කෙරෙහි හැඟීමක් පවත්වන්නේ නැතුව... පඨවි ධාතුවට නොබැඳී, ආපෝ ධාතුවට නොබැඳී, තේජෝ ධාතුවට නොබැඳී, වායෝ

ධාතුවට නොබැඳී, ආකාස ධාතුවට නොබැඳී, විඤ්ඤාණ ධාතුවට නොබැඳී, ආයතන හයට නොබැඳී, පංච උපාදානස්කන්ධයට නොබැඳී, මෙලොව පරලොවට නොබැඳී, කිසිදේකට නොබැඳී නිදහස් ස්වභාවයක් අත් දකින්න නම්, සමථයත් විදර්ශනාවත් හොඳින් දියුණු වෙලා, යථාභූත ඤාණය ඇතිවෙලා, යථාභූත ඤාණය තුළින් අවබෝධයෙන්ම කලකිරිලා, අවබෝධයෙන් කලකිරීම නිසා ඇල්ම දුරුවෙලා, ඇල්ම දුරුවීම නිසා තණ්හාව ක්ෂය වෙලා, තණ්හාව ක්ෂයවීම තුළින් ඇති කරගන්න අත්දැකීම තමයි 'නිවන' කියන්නේ කියල..." ඒ භික්ෂුණිය පිළිතුරු දුන්නා.

එතකොට අපට පේනවා... කවදාවත් සමථ විදර්ශනා වැඩීමකින් තොරව, ආර්ය අෂ්ටාංගික මාර්ගය වැඩීමකින් තොරව, කෙනෙකුට ලබාගන්න... සාක්ෂාත් කරගන්න පුළුවන් එකක් නෙමෙයි 'නිවන' කියන්නේ.

උවමනා කරන හැකියාවල් අප තුළ තියෙනවා...

නමුත් මනුස්ස ජීවිතයක් ලබපු කෙනෙකුට චතුරාර්ය සත්‍ය ධර්මය මුණගැහිලා ක්ෂණ සම්පත්තිය උදා වුණාම, අන්න ඒ කෙනාට මේ සංසාරේ කවදාවත් නොගිය ගමනක් යන්න හැකියාව ලැබෙනවා. නොකළ දෙයක් කරන්න හැකියාව ලැබෙනවා. නොදියුණු කළ දෙයක් දියුණු කරන්න හැකියාව ලැබෙනවා. නොදුටු දෙයක් අත් දකින්න හැකියාව ලැබෙනවා. සාක්ෂාත් නොකළ දෙයක් සාක්ෂාත් කරන්න හැකියාව ලැබෙනවා. මේ ඔක්කොම හැකියාවල් ලැබෙන්නේ චතුරාර්ය සත්‍යය ධර්මය ශ්‍රවණය කරලා ලබා ගන්න අවබෝධය ප්‍රගුණ කිරීමෙන්මයි. මේක

කරන්න නම් එයා අනිවාර්යයෙන්ම ආර්ය අෂ්ටාංගික මාර්ගය ප්‍රගුණ කරන්න ඕනි. ශ්‍රාවකයෙකුට පුළුවන්කම තියෙනවා... ඒ මාර්ගයේ ගමන් කරලා, මනුස්ස ජීවිතයක් තුළ මේ සියල්ලම අත්දකින්න.

සබ්බලෝකේ අනභිරත සඤ්ඤා...

බුදුරජාණන් වහන්සේ වදාළා, ඊළඟ සඤ්ඤාව තමයි 'සබ්බලෝකේ අනභිරත සඤ්ඤාව. 'සබ්බලෝකේ' කියන්නේ හැම ලෝකයක් ගැනම. 'අනභිරත' කියන්නේ ආශාවක් නැති විදිහට දකින එක. බුදුරජාණන් වහන්සේ වදාළා, "පින්වත් ආනන්ද, යම් භික්ෂුවක් මේ පංචඋපාදානස්කන්ධය නැමැති ලෝකයෙහි ආශාවෙන් බැසගෙන ඉන්නවා ද, චිත්ත අභ්‍යන්තරයේ ආශාව පවත්වනවා ද, අන්න ඒ ආශාව දුරු කරගන්නවා. පංච උපාදානස්කන්ධය නැමැති ලෝකයේ... මේ ඇස, කන, නාසය, දිව, කය, මනස කියන ආයතන හයෙන් යුතු ලෝකය කෙරෙහි ආශාවෙන් බැසගන්න ගතියක් අපේ හිතේ තියෙනවා. 'උපයුපාදාන' කියන්නේ ඒකට. ඉතින් එයා මොකද කරන්නේ? සිතින් අධිෂ්ඨාන කරගෙන, චිත්ත අභ්‍යන්තරයේ ඒ කෙරෙහි ආශාව පවත්වනවා. **(චේතසෝඅධිට්ඨානාභිනිවේසානුසයා)** අන්න ඒ සියලුම ලෝකයන් ගැන තණ්හාව දුරු වෙලා යන විදිහට බලන ක්‍රමය තමයි, සබ්බලෝකේ අනභිරත සඤ්ඤාව කියන්නේ. කොහොමද එයා මේ සියළු ලෝකයන් ගැනම තියෙන ආශාව දුරු කරන්නේ? ඒ කියන්නේ එයා ස්කන්ධ භාවනාව වඩනවා. ස්කන්ධ භාවනාව වැඩීමෙන් තමයි ඒක කරන්න පුළුවන් වෙන්නේ. ඒ මෙහෙමයි.

අතීතයේ නිරුද්ධ වී ගිය යම් රූපයක් ඇද්ද, හට නොගත් අනාගතේ යම් රූපයක් ඇද්ද, හටගත් වර්තමානයේ

යම් රූපයක් ඇද්ද, තමා යයි සලකන යම් රූපයක් ඇද්ද, තමාගෙන් බාහිර යම් රූපයක් ඇද්ද, ගොරෝසු වූ යම් රූපයක් ඇද්ද, සියුම් වූ යම් රූපයක් ඇද්ද, හීන වූ යම් රූපයක් ඇද්ද, ප්‍රණීත වූ යම් රූපයක් ඇද්ද, දුර වූ යම් රූපයක් ඇද්ද, ළඟ වූ යම් රූපයක් ඇද්ද, අතීතයේ නිරුද්ධ වී ගිය යම් වේදනාවක් ඇද්ද, හට නොගත් අනාගතේ යම් වේදනාවක් ඇද්ද, හට ගත් වර්තමානයේ යම් වේදනාවක් ඇද්ද, තමා යයි සලකන යම් වේදනාවක් ඇද්ද, තමා ගෙන් බාහිර යම් වේදනාවක් ඇත් ද, ගොරෝසු වූ යම් වේදනාවක් ඇත් ද, සියුම් වූ යම් වේදනාවක් ඇත් ද, හීන වූ යම් වේදනාවක් ඇද්ද, ප්‍රණීත වූ යම් වේදනාවක් ඇද්ද, දුර වූ යම් වේදනාවක් ඇද්ද, ළඟ වූ යම් වේදනාවක් ඇද්ද, අතීතයේ නිරුද්ධ වී ගිය යම් සඤ්ඤාවක් ඇද්ද, හට නොගත් අනාගතේ යම් සඤ්ඤාවක් ඇද්ද, හටගත් වර්තමානයේ යම් සඤ්ඤාවක් ඇද්ද, තමා යයි සලකන යම් සඤ්ඤාවක් ඇද්ද, තමාගෙන් බාහිර යම් සඤ්ඤාවක් ඇද්ද, ගොරෝසු වූ යම් සඤ්ඤාවක් ඇද්ද, සියුම් වූ යම් සඤ්ඤාවක් ඇද්ද, හීන වූ යම් සඤ්ඤාවක් ඇද්ද, ප්‍රණීත වූ යම් සඤ්ඤාවක් ඇද්ද, දුර වූ යම් සඤ්ඤාවක් ඇද්ද, ළඟ වූ යම් සඤ්ඤාවක් ඇද්ද, අතීතයේ නිරුද්ධ වී ගිය යම් සංඛාර ඇද්ද, හට නොගත් අනාගතේ යම් සංඛාර ඇද්ද, හටගත් වර්තමානයේ යම් සංඛාර ඇද්ද, තමා යයි සලකන යම් සංඛාර ඇද්ද, තමාගෙන් බාහිර යම් සංඛාර ඇද්ද, ගොරෝසු වූ යම් සංඛාර ඇද්ද, සියුම් වූ යම් සංඛාර ඇද්ද, හීන වූ යම් සංඛාර ඇද්ද, ප්‍රණීත වූ යම් සංඛාර ඇද්ද, දුර වූ යම් සංඛාර ඇද්ද, ළඟ වූ යම් සංඛාර ඇද්ද, අතීතයේ නිරුද්ධ වී ගිය යම් විඤ්ඤාණයක් ඇද්ද, හට නොගත් අනාගතේ යම් විඤ්ඤාණයක් ඇද්ද, හටගත් වර්තමානයේ යම් විඤ්ඤාණයක් ඇද්ද, තමා යයි

සලකන යම් විඤ්ඤාණයක් ඇද්ද, තමාගෙන් බාහිර යම් විඤ්ඤාණයක් ඇද්ද, ගොරෝසු වූ යම් විඤ්ඤාණයක් ඇද්ද, සියුම් වූ යම් විඤ්ඤාණයක් ඇද්ද, හීන වූ යම් විඤ්ඤාණයක් ඇද්ද, ප්‍රණීත වූ යම් විඤ්ඤාණයක් ඇද්ද, දුර වූ යම් විඤ්ඤාණයක් ඇද්ද, ළඟ වූ යම් විඤ්ඤාණයක් ඇද්ද,

මෙන්න මේ විදිහට පංචඋපදානස්කන්ධයම එකොළොස් ආකාරයට බලද්දී, සියලුම ලෝක ඔය විදර්ශනාවට අයිති වෙනවා.

අයිතිකාරයෙක් නැති ලෝකෙට අපි බැඳිලයි ඉන්නේ...

මෙන්න මේ විදිහට හැම ලෝකයක් කෙරෙහිම, ආශාවෙන් බැසගත්තු ජීවිතය ඒකෙන් නිදහස් කර ගන්නවා. අන්න ඒ කෙනා සියලු ලෝකයන් කෙරෙහිම නොඇල්ම පුරුදු කරනවා. ආශාව නැතුව ඉන්න පුරුදු කරනවා. කිසිම ලෝකයක් කෙරෙහි ආශාවක් ඇති කරගන්නේ නැහැ. අන්න ඒක තමයි, 'සබ්බලෝකේ අනභිරත සඤ්ඤාව'.

අපට බැලූ බැල්මට නොතේරුණාට අපි හැම කෙනා ගේම ජීවිතය තුළ, ඊළඟ මොහොත ගැන බලාපොරොත්තුවක් තියෙනවා. ඒ බලාපොරොත්තුවත් එක්ක තමයි අපේ ලෝකේ ගොඩනැගිලා තියෙන්නේ. නමුත් අපි බලාපොරොත්තු වුණාට අපි බලාපොරොත්තු වන ලෝකය ගොඩ නගන්න බැහැ. ඒකට හේතුව තමයි අපේ ලෝකය සකස් වෙලා තියෙන්නෙ හේතුඵල විදිහට. හේතු හැදෙන්නේ යම් ආකාරයකින්ද, ඊට අනුව ඵලය ලැබෙනවා. අපි අයිතිකාරයෙක් කියලා හිතාගෙන හිටියට

අයිතිකාරයෙක් නැති ක්‍රියාවලියක් තියෙන්නේ. යම් දවසක මෙතැන අයිතිකාරයෙක් නැහැ කියලා, අවබෝධ වෙලා අත්හැරපු දවසට අපි මේ සියලුම ලෝකයන්ගෙන් නිදහස් වෙනවා. අන්න ඒ විදිහට මේ සියලුම ලෝකයන්ගෙන් නිදහස් වෙන ක්‍රමය තමයි බුදුරජාණන් වහන්සේ මේ සඤ්ඤාව තුළින් අපට පෙන්වලා තියෙන්නේ.

කොන්ද පණ නැති අයට මේක කරන්න බැහැ...

ජීවිතය දිහා මේ විදිහට බලන්න නම්, කෙනෙකුට සුළු පටු වීරියක් නෙමෙයි අවශ්‍ය වෙන්නේ. ඒ කෙනාට විශාල වුවමනාවක්, කැපවීමක්, සිහියක්, අවශ්‍ය වෙනවා ජීවිතය දිහා බලන්න.

ඔබ දන්නවා 'අංගුලිමාල' හාමුදුරුවන්ගේ ජීවිතයේ සිදුවෙච්ච පරිවර්තනය. ඔබ දැකලා තියෙනවාද ලොකු ඇට තියෙන නවගුණ වැල්? ඒකේ තියෙන්නෙ ඇට එකසිය අටයි. ඒක බෙල්ලේ දාගත්තාම බෙල්ලෙන් එකක් තියෙනවා. එතකොට අපට හිතාගන්න පුළුවන් ඇඟිලි දාහක් කපලා බෙල්ලේ එල්ල ගත්තොත්, කොයිතරම් විශාලෙට තියෙන්න ඇද්ද... කියලා. අංගුලිමාලගේ අතින් මිනිසුන් දාහකට වැඩිය මැරුණා. මුලදි මෙයා ඇඟිලි කපලා එක එක තැන හැංගුවා. එතකොට ඒවා කුණු වෙලා යනවා, හොයාගන්ඩත් බෑ. පස්සේ තමයි ඇඟිලි එකෙන් එක අමුණලා එල්ලා ගත්තේ. අන්තිමට මෙයා බුදුරජාණන් වහන්සේගේ පස්සෙනුත් කඩුව උස්සගෙන පැන්නුවා. එච්චර දෙයක් කරපු කෙනෙකුට කොයිතරම් ධෛර්යය සම්පන්න හිතක් තියෙන්න ඕනිද කියලා කල්පනා කරලා බලන්න. ඒ කිසිම දෙයක් හිතන්නේ නැතුව, ඒ හැම

දෙයක්ම අමතක කරලා, සීලයක පිහිටලා සමථ විදර්ශනා භාවනා දියුණු කළා නේ. වෙන කෙනෙක් නම්, කොච්චර නම් පසු තැවි තැවී ඉඳීවිද? "අනේ! මෙවැනි උත්තමයන් වහන්සේ නමක් පස්සෙන් නේද, මමත් කඩුව අරගෙන පැන්නුවේ..." කියලා ඒකම හිත හිතා ඉන්නෙත් නැතුව, කන්නේ බොන්නෙත් නැතුව, භාවනා කරන්නෙත් නැතුව, නින්ද යන්නෙත් නැතුව, පසු තැවි තැවි කම්පා වෙවී ඉඳීවි...

එහෙම නැත්නම් සමාජයට චෝදනා කර කර ඉඳීවි. "මම අහිංසක කෙනෙක්. මාව අංගුලිමාල කළේ, ගුරුන්නාන්සේ. මට හම්බ වුණේ පාප මිත්‍රයෝ. එවුන් තමයි ගුරුන්නාන්සේට කේළාම් කියලා, මාව මේ තත්වෙට පත් කළේ..." කියලා. නමුත් අංගුලිමාල ඒ කාටවත් චෝදනා කළේ නැහැ. තමන්ම හිත හදා ගත්තා.

කොයිතරම් මානසික දියුණුවක්ද...?

අංගුලිමාල හාමුදුරුවෝ පාත්තරය අරගෙන පාරට බහිනකොට කොහොම තියෙන්න ඇද්ද? කී දෙනෙක් ඇඟිල්ල දික් කරලා බනින්න ඇද්ද? "අපේ අම්මා මැරුවේ මෙයා... අපේ තාත්තත් මැරුවේ මෙයා... අපේ නංගිලත් මැරුවේ මෙයා... අපේ යාළුවෝ මැරුවෙත් මෙයා..." කියලා. එහෙම තියෙද්දිත් හිත හදාගත්තා කිව්වහම සමාධියක් ඇති කරගත්තා කිව්වහම කොයිතරම් මානසික දියුණුවක් තිබිලා තියෙනවද? දැන් අපට මේ චූටි දෙයක් වෙච්ච ගමන්, ඒකම හිත හිතා මුහුණ එල්ල ගන්නවා. කාශ්‍යප බුදුරජාණන් වහන්සේගේ කාලේ එක ස්වාමීන් වහන්සේ නමක් හිටියා. අවුරුදු විසිදාහක් සිල් රැකපු කෙනෙක්. පහුරකින් එතෙර වෙන්න ලෑස්ති වෙනකොට 'ඒරක' කියන ගහේ අත්තක් අල්ලගත්තා. පහුර ඇදෙනකොට අල්ලගෙන හිටපු අත්තේ

තිබුණු කොළේ කැඩුණා. ඒක හිතලා මතලා කරපු දෙයක් නොවෙයි. නමුත් මේ ස්වාමීන් වහන්සේ මේ ගැන ශෝක කර කර, පසු තැවි තැවී ගඟෙන් එතෙර වුණා. එතෙර වෙලා යද්දී අතර මගදී අපවත් වුණා. ගිහින් උපන්නේ කොහේද? නාග ලෝකෙ. බලන්න එතකොට ඒ වගේ පුංචි දෙයක් ඒ ස්වාමීන් වහන්සේට හිතින් අමතක කරන්න බැරි වුණා නම්, අංගුලිමාල හාමුදුරුවන්ගේ හිතේ ඇතිවෙච්ච පරිවර්තනය... ඒ අධිෂ්ඨානය, වීරිය, කොයිතරම් ප්‍රබල එකක් ද කියලා. කවුද ඒක කරලා දුන්නේ? ධර්මයට පුළුවන් වුණා ඒක කරලා දෙන්න. මේ ලෝකෙ වෙන කිසිම කෙනෙකුට බැරි දෙයක් ධර්මයට පුළුවන් වුණා.

ශ්‍රාවකයන්ගේ ඉවසීමේ හැකියාව බලන්න...

සමහර දවස්වල අංගුලිමාල හාමුදුරුවෝ පිණ්ඩපාතෙ වඩිනකොට ගල් මුල් පාරවල් වදිනවා. පාත්‍රය බිඳෙනවා. ඔළුවේ ලේ පෙරාගෙන බුදුරජාණන් වහන්සේ ළඟට ආපහු වඩිනවා. එතකොට බුදුරජාණන් වහන්සේ වදාරනවා, “පින්වත් අංගුලිමාල, දැන් ඉතින් ඕවා ඉවසන්න. ඔබ මේ ධර්මය දැක්කේ නැත්නම්, නිරයේ ගිහින් නවතින්නේ...” කියලා. බලන්න ධර්මයෙන් මනුස්සයට කොච්චර යහපතක් කරලා දෙනවාද කියලා. එබඳු කෙනෙකුටත් ක්ෂණ සම්පත්තිය උදාවුණා. අංගුලිමාල ස්වාමීන් වහන්සේට පුළුවන් වුණා, හිත හදාගෙන තමන්ගෙ සියලුම අබල දුබලකම් වෙනස් කරලා, සම්පූර්ණයෙන් ම අළුත් ජීවිතයක් ගොඩ නගාගන්න. අංගුලිමාල හාමුදුරුවෝ කිසිම ලෝකයක උපදින්න ප්‍රාර්ථනා කළේ නැහැ. සියලුම ලෝකයන් විදර්ශනා කරලා, හැම ලෝකයකින්ම නිදහස් වුණා.

මෛත්‍රී, කරුණාව උතුරලා ගිහිල්ලා...

බලන්න එතකොට මේ ජීවිතේ කල්පනා කරන්න ඕන පිළිවෙල ගැන හොඳ ආදර්ශයක් අංගුලිමාල රහතන් වහන්සේගේ ජීවිතය තුළින් අපට දැකගන්න ලැබෙනවා. උන්වහන්සේ අරහත්වයට පත් වෙලා, ථේර ගාථාවල ප්‍රකාශ කරනවා මෙහෙම. "මගේ සතුරොත් අසන්න ඕනි මේ ධර්මය මයි... මගේ සතුරොත් ඇසුරු කරන්න ඕන, මේ සද්ධර්මය කියල දෙන සබ්‍රහ්මචාරීන් වහන්සේලාවයි... මගේ හතුරොත් හැසිරෙන්න ඕනෑ සීල, සමාධි, ප්‍රඥාවෙන් යුතු ආර්ය අෂ්ටාංගික මාර්ගයේමයි... මගේ හතුරොත් වෛර නැත්තෝ වෙත්වා! තරහ නැත්තෝ වෙත්වා! චතුරාර්ය සත්‍යය ධර්මයම අසත්වා!!!" කියලා.

අංගුලිමාල රහතන් වහන්සේගේ මුවින් මෙවැනි ප්‍රකාශයක් නිකුත් කරන්න හේතු වුණේ උන්වහන්සේ චතුරාර්ය සත්‍යය ධර්මය අවබෝධ කිරීමමයි. බලන්න එතකොට ධර්මය තුළින් ජීවිතයක කොයිතරම් වෙනසක්, පරිවර්තනයක් සිද්ධ වෙනවද කියලා... අපට මේ පුද්ගලික දුර්වලකම් සියල්ලම එන්නේ සංසාරගත හිතක් පවත්වන නිසයි. අපි ඒ දුර්වලතාවලට ඉඩ නොදී, ඒ හැඟීම් වලට ඉඩ නොදී, ඒ ආකල්පවලට ඉඩ නොදී, අපේ හිත තුළ, බුදුරජාණන් වහන්සේගේ ධර්මයේ ආකල්ප, දියුණු කරන්න අපි දක්ෂවෙච්ච දවසට, අපටත් මේ සබ්බලෝකේ අනභිරත සඤ්ඤාව දියුණු කරගෙන සියලු ලෝකයන් ගෙන් නිදහස් වෙන්න පුළුවන්කම ලැබෙනවා.

සබ්බ සංඛාරේසු අනිච්ච සඤ්ඤා...

බුදුරජාණන් වහන්සේ වදාළ ජීවිතය දිහා බලන තවත් ක්‍රමයක් තමයි **'සබ්බ සංඛාරේසු අනිච්ච සඤ්ඤාව'.**

ඒ කියන්නේ හැම සංස්කාරයක් ගැනම අනිත්‍ය වශයෙන් බලන ක්‍රමය. බුදුරජාණන් වහන්සේ වදාළා, "පින්වත් ආනන්ද, භික්ෂුවක් විසින් මේ කාරණයේදී සියලුම සංස්කාර ගැන අප්පිරියාවක් ඇති කරගන්නවා..." කියලා.

සංස්කාර කියන්නේ හේතූන් නිසා සකස් වෙන දේවල්.

ජරාමරණ හේතූන් නිසා හටගන්න දෙයක්.

ඉපදීම හේතූන් නිසා හටගන්න දෙයක්.

භවය හේතූන් නිසා හටගන්න දෙයක්.

උපාදාන හේතූන් නිසා හටගන්න දේවල්.

තණ්හාව හේතූන් නිසා හටගන්න දෙයක්.

විඳීම හේතූන් නිසා හටගන්න දෙයක්.

ස්පර්ශය හේතූන් නිසා හටගන්න දෙයක්.

ඇස, කන, නාසය, දිව, කය, මනස හේතූන් නිසා හටගන්න දේවල්.

නාමරූප හේතූන් නිසා හටගන්න දෙයක්.

විඤ්ඤාණය හේතූන් නිසා හටගන්න දෙයක්.

සංස්කාර හේතූන් නිසා හටගන්න දෙයක්.

අවිද්‍යාව හේතූන් නිසා හටගන්න දෙයක්.

මේ හේතූන් නිසා හටගන්න සජීවී අජීවී සියල්ලක් ගැනම, අනිත්‍ය වශයෙන් එයා දකින්න දකින්න එයාගේ හිතේ අප්පිරියාවක් ඇති වෙනවා. **(අට්ටීයති)** හිරිකිතයක් ඇතිවෙනවා. **(හරායති)** පිළිකුලක් ඇතිවෙනවා. **(ජිගුච්ඡති)** දැන් බලන්න එතකොට මේ අනිත්‍ය දේ එයා නිකම් අත

හරින්නේ නෑ. අවබෝධයක් තුළින්ම එයාට අප්පිරියාවක්, හිරිකිත බවක්, පිළිකුලක් ඇතිවෙන්න ඕනෑ. අන්න එතකොටයි ඒ ගැන කලකිරිලා අත්හරින්නේ.

පිරිසිදු වෙන්නේ මෙහෙමයි...

බුදුරජාණන් වහන්සේ වදාළා,

සබ්බේ සංඛාරා අනිච්චාති - යදා පඤ්ඤාය පස්සති
අථ නිබ්බින්දති දුක්ඛේ - ඒසා මග්ගෝ විසුද්ධියා

"සියලු සංස්කාරයන් අනිත්‍යයි කියලා, යම් දවසක ප්‍රඥාවෙන් දකිනවා නම්, අන්න එතකොටයි එයා දුක ගැන කලකිරෙන්නේ. ඒක තමයි පිරිසිදු වීමේ මාර්ගය..."කියලා.

එතකොට අපට තේරෙනවා මේ අනිත්‍ය සඤ්ඤාව පුරුදු කරනවා කියන එක ජීවිතයකට මහත් වටිනා දෙයක්. අපේ ජීවිතය තුළ, අපි මේවට බැඳිලා ඉන්නේ අපට අප්පිරියාවක් ඇතිවෙච්ච නැති නිසා, පිළිකුලක් නැති නිසා. දැන් අපිට ඇතිවෙලා තියෙන්නේ පිළිකුලක්, අප්පිරියාවක් නෙමෙයි. අයිතිය හැඟවීමක්. අපි හැමවෙලේම 'මම, මගේ, මගේ ආත්මය...' කිය කියා, බොහෝම ගාම්භීර විදිහට අයිතිය හඟව හඟවා යන ක්‍රමයක් තමයි තියෙන්නේ. අයිතිය හැඟවීමෙන් නිදහස් වෙන්න නම්, මේ ක්‍රමය සම්පූර්ණයෙන්ම වෙනස් කරලා, වෙනස් ක්‍රමයක් මනසේ ගොඩනැගෙන්න ඕනෑ.

අනිත්‍ය හිතන කෙනාට තමයි අනිත්‍ය වැටහෙන්නේ...

අන්න ඒකට එයා සියලු ලෝකයන් කෙරෙහි, සියළු සංස්කාරයන් කෙරෙහි අනිත්‍ය සඤ්ඤාව පුරුදු කරන්න ඕනෑ. එයාගේ හිතේ හටගන්නවා නම් කෙලෙස්...

එයාගේ හිතේ හටගන්නවා නම් සක්කාය දිට්ඨිය... ඒ හැම දෙයක්ම නුවණින් කල්පනා කරලා, ඒ හැමදෙයක්ම සංස්කාර හැටියට දැකලා, නුවණින් විමසලා අනිත්‍ය වශයෙන් බලන්න තමයි තියෙන්නේ. එතකොටයි එයාට හැබෑවටම මේ සංස්කාරයන්ගේ තියෙන අනිත්‍ය පේන්න ගන්නේ. අන්න ඒ විදිහට අවබෝධයක් තුළින් වැටහෙන අනිත්‍ය නිසා තමයි, සියලු සංස්කාර කෙරෙහි අප්පිරියාවක් ඇති කරගෙන, පිළිකුලක් ඇති කරගෙන, හිරිකිතයක් ඇති කරගෙන, නොඇලී ඉන්න හේතු වෙන්නේ. එහෙම නැතුව භාවනා කර ගෙන යන කොට පේන දේවල් ගන්න ගියොත් අපි විඤ්ඤාණයේ මායාවට හසුවෙනවා මිසක් ජීවිතය අවබෝධ කරගන්න නම් ලැබෙන්නේ නැහැ.

සියළුම සංස්කාර කෙරෙහි අනිත්‍ය වශයෙන් විමස විමසා බලද්දී එයා අවබෝධයෙන් කලකිරෙනවා. එයාට සංස්කාර ගැන පිළිකුළක් ඇතිවෙනවා. හිරිකිතයක් ඇති වෙනවා. අප්පිරියාවක් ඇතිවෙනවා. අන්න එතකොට තමා එයා සංස්කාර අත්හරින්නේ. එහෙම නැතුව 'ඔන්න මම අත්හරිනවා...' කියලා හිතා මතා අත්හරින්න බැහැ. 'මට මේක එපා! මම අත හරිනවා...' කියලා කොච්චර කිව්වත් එහෙම අත්හැරෙන්නේ නැහැ. 'මට එපා...' කියන කොට ඒ තුළ මම ඉන්නවා. මේක කරන්නේ එහෙම නොවෙයි. මම කියන එකෙන් තොරව, හේතුඵල හැටියට, සංස්කාර හැටියට, ආනාත්ම හැටියට බලලා, ඒ කෙරෙහි කලකිරීමෙන් තමයි අත හරින්නේ.

සිහිය දියුණු කෙනාට විතරයි...

දැන් අපි සඤ්ඤා නවයක් ඉගෙන ගත්තා. දැන් බලමු ඒවා මතකද කියලා...

1. අනිත්‍ය සඤ්ඤාව
2. අනත්ත සඤ්ඤාව
3. අසුභ සඤ්ඤාව
4. ආදීනව සඤ්ඤාව
5. පහාණ සඤ්ඤාව
6. විරාග සඤ්ඤාව
7. නිරෝධ සඤ්ඤාව
8. සබ්බ ලෝකේ අනභිරත සඤ්ඤාව
9. සබ්බ සංඛාරේසු අනිච්ච සඤ්ඤාව

ඊළඟට අපි ඉගෙන ගන්නේ 'ආනාපානසතිය' ගැන. බුදුරජාණන් වහන්සේ වදාළා, 'ආනාපානසතිය සියලු දෙනාම කරන්න...' කියලා මම කියන්නෙ නැහැ කියලා. ආනාපානසති භාවනාව ගැන කියන්නේ සිහිය පිහිටුවා ගන්න පුළුවන් කෙනාට විතරයි. එතකොට අපට ඒකෙන් පේනවා සිහිය පිහිටුවා ගන්න පුළුවන් අයත් ඉන්නවා, බැරි අයත් ඉන්නවා... කියලා. බුදුරජාණන් වහන්සේ මෙතැනදී විස්තර කරලා දෙන්නේ සිහිය පිහිටුවා ගන්න පුළුවන් කෙනාට ආනාපානසතිය මුල් කරගෙන, චතුරාර්ය සත්‍යය අවබෝධය කරා යන ආකාරයයි.

ආනාපානසතිය...

බුදුරජාණන් වහන්සේ වදාළා, "පින්වත් ආනන්ද, මෙහි භික්ෂුව එක්කො අරණ්‍යයකට යනවා. එහෙම නැත්නම් රුක් සෙවණකට යනවා. එහෙමත් නැත්නම් නිදහස් තැනකට ගිහින්, පලඟක් බැඳගෙන වාඩිවෙනවා. ඒ කියන්නේ එරමිණියා ගොතා ගෙන වාඩිවෙනවා කියන

එකයි. මේක ඉන්දියානු සමාජයේ හුඟක් පුරුදු එකක්. අපේ රටේ බොහෝ විට අපට පුරුදුවෙලා නැහැ. මේ වගේ භාවනා වැඩසටහනකට ගිහිල්ලා බිම වාඩිවුණොත් මිසක් අපට සාමාන්‍යයෙන් බිම වාඩිවෙලා පුරුද්දක් නැහැ. සමහරුන්ට පුළුවන් පළඟක් බැඳගෙන වාඩිවෙලා කය ඍජු කරගන්න. සමහරුන්ට ඒක කරන්න බැහැ. එයා පොඩි බංකුවක හරි, අඟල් කීපයක් උස පොඩි පුටුවක හරි වාඩිවෙන්න ඕන. එතකොට එයාට කොන්ද කෙළින් තියාගෙන, කය ඍජු කරගන්න පුළුවන් වෙනවා. මොකද බුදුරජාණන් වහන්සේ ආනාපානසතියෙදි වදාළා (**නිසීදති පල්ලංකං ආභුජිත්වා උජුං කයං පණිධාය**) කියලා. ඒ කියන්නේ 'පළඟක් බැඳගෙන වාඩිවෙලා, කය ඍජු කර ගන්න ඕනි' කියලා.

ඊළඟට එයා මොකක්ද කරන්න ඕන? (**පරිමුඛං සතිං උපට්ඨපෙත්වා**) භාවනා කරන අරමුණ ගැන සිහිය පිහිටුවා ගන්න ඕනෑ. මොකක්ද දැන් භාවනා කරන අරමුණ? ඒ තමයි, ආනානපානසතිය. බුදුරජාණන් වහන්සේ වදාළා, (**සෝ සතෝව අස්සසති**) එයා සිහියෙන් ආශ්වාස කරයි. (**සතෝව පස්සසති**) සිහියෙන්ම ප්‍රශ්වාස කරයි. දැන් බලන්න එයා ඉස්සෙල්ලාම නිදහස් තැනකට ගිහින් පළඟක් බැඳගෙන, වාඩිවෙලා කය ඍජු කර ගත්තා. ඊට පස්සේ එයා මොකද කරන්නේ? සිහියෙන්ම හුස්ම ගන්නවා. සිහියෙන්ම හුස්ම හෙළනවා. මේ තමයි ආනාපානසතිය තුළ ඉස්සෙල්ලාම කරන දේ.

ටිකෙන් ටිකයි ගැඹුර කරා යන්නේ...

මෙයා මේ විදිහට සිහියෙන් හුස්ම ගන්නකොට, සිහියෙන් හුස්ම හෙළන කොට... ටිකෙන් ටික සිහියෙන්

හුස්ම ගන්නත්, සිහියෙන් හුස්ම හෙළන්නත් පුළුවන්කම ලැබෙනවා. අන්න එතකොට තමයි එයාට හුස්ම රැල්ලේ ස්වභාවය හඳුනා ගන්න පුළුවන්කම ලැබෙන්නේ.

ඊළඟට එයා දීර්ඝ ලෙස හුස්ම ගනිද්දී, 'මම දැන් දීර්ඝවයි හුස්ම ගන්නේ...' කියලා දැනගන්නවා. (**දීඝං වා අස්සසන්තෝ දීඝං අස්සසාමී'ති පජානාති**) දීර්ඝව හුස්ම හෙළද්දී, 'මම දැන් දීර්ඝවයි හුස්ම හෙළන්නේ...' කියලා දැන ගන්නවා. කෙටියෙන් හුස්ම ගනිද්දී, 'මම දැන් කෙටියෙන් හුස්ම ගන්නවා...' කියලා දැනගන්නවා. **(රස්සං වා අස්සසන්තෝ රස්සං අස්සසාමී'ති පජානාති)** කෙටියෙන් හුස්ම හෙළද්දී, 'මම දැන් කෙටියෙන් හුස්ම හෙළනවා...' කියලා දැනගන්නවා. **(රස්සං වා පස්සසන්තෝ රස්සං පස්සසාමී'ති පජානාති)** එතකොට බලන්න මේකෙ තියෙනවද කියලා, මයිනහම පිඹිනවා වගේ වුවමනාවෙන් හුස්ම ඉහළ පහළ හෙළන එකක්. එහෙම එකක් මේකේ නෑ. එහෙම නම් අපි සැක කරන්න ඕන 'විනාඩි දහයෙන් සමාධිය දෙනවා... විනාඩි පහළොවෙන් සමාධිය දෙනවා...' කියලා කියන අයව. ඇයි මේකේ තියෙන්නේ එයා සිහියෙන් හුස්ම ගන්න කොට, හෙළන කොට, ඒක දැන ගන්නවා කියලා නෙ. දීර්ඝව හුස්ම ගන්න කොට හෙළන කොට, කෙටියෙන් හුස්ම ගන්න කොට හෙළන කොට, ඒක දැනගන්නවා කියල නෙ. මේ ඔක්කොම දැනගන්න මුල්වුණේ මොකක්ද? සිහිය.

සිහිය නැතුව මොකුත් කරන්න බැහැ...

ඊළඟට එයා තව එකක් පුහුණු වෙන්න ඕනෑ. දැන් මේ වෙනකොට එයා සිහියෙන් හුස්ම ගන්න කොට, හෙළන කොට ඒක දැනගන්නවා. දීර්ඝව හුස්ම ගන්න

කොට, හෙළන කොට ඒක දැනගන්නවා. කෙටියෙන් හුස්ම ගන්න කොට, හෙළන කොට 'මම දැන් කෙටියෙන් හුස්ම ගන්නේ... මම දැන් කෙටියෙන් හුස්ම හෙළන්නේ...' කියලා දැනගන්නවා.

දැන් මෙයාට ආශ්වාස ප්‍රශ්වාසවල තියෙන වෙනස්කම් දෙකක් වැටහෙනවා. එකක් තමයි දීර්ඝව හුස්ම ගැනිල්ලත්, දීර්ඝව හුස්ම හෙළිල්ලත්... කෙටියෙන් හුස්ම ගැනිල්ලත්, කෙටියෙන් හුස්ම හෙළිල්ලත්. එතකොට එයා මොකද කරන්නේ? ආශ්වාස ප්‍රශ්වාස දීර්ඝ හෝ වේවා, කෙටි හෝ වේවා 'ඒ ගැන මම සම්පූර්ණ දැනීමක් ලබා ගන්නවා...' කියලා හිතාගෙන, ආශ්වාස ප්‍රශ්වාස කෙරෙහිම සිහිය යොමු කරන්න ඕනෑ. ඒකට කියනවා, **(සබ්බකාය පටිසංවේදී අස්සසිස්සාමී'ති සික්ඛති)** කියලා. මේ දීර්ඝ වූ ද, කෙටි වූ ද ආශ්වාස ප්‍රශ්වාස ගැන සම්පූර්ණයෙන්ම සිහිය පිහිටුවාගෙන, 'මම ආශ්වාස ප්‍රශ්වාස කරනවා...' කියලා එයා හික්මෙනවා. එතැන තියෙන්නේ **(සික්ඛති)** කියලා. ඒ කියන්නේ හික්මෙනවා කියලා. අන්න එතැනදි එයා කෙටි ආශ්වාසත්, දීර්ඝ ආශ්වාසත් කියන මේ දෙකම, මනාකොට දැනගනිමින් තමයි හික්මෙන්නේ. දීර්ඝ ප්‍රශ්වාසත්, කෙටි ප්‍රශ්වාසත් කියන දෙකම මනාකොට දැනගනිමින් තමයි හික්මෙන්නේ. ඒ විදිහට පුරුදු කරන්න... පුරුදු කරන්න සිහිය වැඩෙන්න පටන් ගන්නවා. සිහිය වැඩෙන කොට එයාගේ සිත එකග වෙන්න පටන් ගන්නවා. එතකොට මොකද වෙන්නේ? ආශ්වාස, ප්‍රශ්වාස දෙක සැහැල්ලු වෙමින් හුස්ම ගන්නත්, හුස්ම හෙළන්නත් පටන් ගන්නවා. දැන් මේ විදිහට හික්මෙන කොට ආශ්වාස ප්‍රශ්වාස කියන දෙකේ සැහැල්ලු බවත්, බර නැති ගතියත් දැනෙන්න පටන් ගන්නවා. මේ විදිහට බර නැති වෙලා සැහැල්ලු

වේගෙන යනකොට, එයාගේ සිත එකඟ වෙන්න පටන් ගන්නවා. ආශ්වාස ප්‍රශ්වාස දෙකේ සිත එකඟ වෙලා සිතට සනීපයක්, ප්‍රීතියක් ඇති වෙනවා. සිතට සනීපයක්, ප්‍රීතියක් ඇති වෙන කොට සිත සමාධිගත වෙනවා.

සමාධිය කෘතිමව ගන්න බැහැ...

විනාඩි පහකට හරි කෙනෙකුගේ සිත තුළ සමාධිය ඇතිවුණා නම්, ඒ සමාධිය තුළ ඇති වෙච්ච ප්‍රීතිය, සනීපය, අනිත් වෙලාවට කෘතිමව ගොඩ නගාගන්න බැහැ.

සමාධිය ඇතිවෙන කොට එයාගේ හිතට ප්‍රීතියක් ඇතිවෙනවා. සිතේ ප්‍රීතිය ඇතිවෙන්න... ඇතිවෙන්න ආශ්වාස ප්‍රශ්වාස සංසිඳිලා, ඒ තුළ මනාකොට සිහිය පිහිටන්න ගන්නවා. අන්න එතකොට එයා 'ප්‍රීතිය ද අත්දකිමින් ආශ්වාස කරන්නෙමි...' යි කියලා හික්මෙනවා. **(පීතිපටිසංවේදී අස්සසිස්සාමී'ති සික්ඛති)** දැන් මේ විදිහට ප්‍රීතිය ගැන තේරුම් ගනිමින්, ආශ්වාස කරනවා කියලා හික්මෙන කොට, එයාගේ හිත දැන් ධ්‍යානයට පත් වෙලා තියෙන්නේ. ඒ ධ්‍යානය තුළ තියෙන ලක්ෂණත් හඳුනා ගනිමින් තමයි එයා ආශ්වාස කරන්නේ. දැන් අපි තේරුම් ගන්න ඕනෑ, ප්‍රීතියට ඇලීමක් නොවෙයි මෙතන කරන්නේ, 'ප්‍රීතිය හඳුනාගනිමින් ආශ්වාස කරන්නෙමි...' යි කියලා හික්මීමක්. ඒ වගේම 'ප්‍රීතිය හඳුනාගනිමින් ප්‍රශ්වාස කරන්නෙමි...' යි කියලා හික්මීමක්. දැන් බලන්න එතකොට එයා සමාධිය තුළින් හිතේ ඇතිවෙච්ච සුවපත්භාවය හඳුනා ගැනීමෙනුයි ප්‍රීතිය, සතුට, සොම්නස හඳුනා ගනිමිනුයි ආශ්වාස කරන්නේ. ප්‍රීතිය, සතුට, සොම්නස හඳුනා ගනිමිනුයි ප්‍රශ්වාස කරන්නේ.

සිතට විතරක් නෙමෙයි කයටත් ප්‍රීතිය දැනෙනවා...

බුදුරජාණන් වහන්සේ වදාළා, **(සුඛ පටිසංවේදී අස්සසිස්සාමී'ති සික්ඛති)** 'එයාගේ කයටත්, සිතටත් මහා සැපයක් දැනෙන කොට, ඒ සැපය ගැන හොඳට දැන ගනිමින්, හොඳින් තේරුම් ගනිමින්, හුස්ම ගැනීමට එයා හික්මෙනවා...' කියලා. එතකොට බලන්න, මෙයා ආශ්වාස ප්‍රශ්වාස වලින් පිට පැන්නද? නැහැ. දැන් සමහරවිට කෙනෙකුට කයට ප්‍රීතියක්, සැපයක් දැනුනහම ආශ්වාස ප්‍රශ්වාස අරමුණු වෙනවා. ප්‍රීතිය පවත්වන්න හදනවා. සුඛය පවත්වන්න හදනවා. එතකොට මොකද වෙන්නේ? ආශ්වාස, ප්‍රශ්වාසයේ සිහිය පවත්වන්න අසමත් වීම නිසා සමාධිය නැතුව යනවා.

නමුත් මේකෙදි බුදුරජාණන් වහන්සේ වදාළේ, ඒ කෙනා ප්‍රීතිය අත්දකිමින් ප්‍රීතිය තේරුම් ගනිමින්, ආශ්වාස ප්‍රශ්වාසයේ ම යි සිහිය පිහිටුවා ගත යුත්තේ. ඊළඟට එයා කායික මානසික සැපය අත්දකිමින්, කායික මානසික සැපය මනාකොට තේරුම් ගනිමින් හුස්ම ගන්නවා... කියලා හික්මෙනවා. ඒ කෙනා හුස්ම හෙළන්නෙත් ඒ විදිහට මයි. 'මම කායික, මානසික සැපය මනාකොට තේරුම් ගනිමින් හුස්ම හෙලනවා...' කියලා එයා හික්මෙනවා. මෙහෙම යනකොට ඒ කෙනාට ප්‍රකටව දැනෙන්නේ, ප්‍රකටව පේන්න ගන්නේ හුස්ම රැල්ල නෙමෙයි. ප්‍රීතියත්, සැපයත් කියන දෙකයි. ප්‍රීතියත්, සැපයත් ප්‍රකටව පේන කොට දැන් මෙයාට ඒ තුළ දැනෙන්නේ විඳීමක්. එතකොට විඳීමක් තියෙනවා. ආශ්වාස, ප්‍රශ්වාස වල හඳුනාගැනීමක් තියෙනවා. මේ විඳීමත් හඳුනා ගැනීමත් අයිති වෙන්නේ මොන සංස්කාර වලටද? **චිත්ත සංස්කාරවලටයි.**

චිත්ත සංස්කාරත් තේරුම් ගනිමින් ආශ්වාස, ප්‍රශ්වාස කරනවා...

ඊළඟට මේකේ තියෙනවා (**චිත්ත සංඛාර පටිසංවේදී අස්සසිස්සාමී'ති සික්ඛති)** කියලා. දැන් එයා හඳුනා ගන්න දේත්, විඳින දේත් ගැන හොඳට දැනගෙන, 'මම ආශ්වාස කරමි...' යි කියලා හික්මෙනවා. හඳුනාගන්න දේත්, විඳින දේත් හොඳට දැනගෙන 'මම ප්‍රශ්වාස කරනවා...' කියලා හික්මෙනවා. මේ විදිහට චිත්ත සංඛාර තේරුම් ගනිමින් ආශ්වාස, ප්‍රශ්වාස කරනකොට මොකද වෙන්නේ? ටිකෙන් ටික මේ හඳුනාගන්න දේත්, විඳින දේත් සංසිඳිලා යන බව මෙයාට තේරෙනවා. ඒකෙ තියෙන ගෝරෝසු ගතිය නැතිවෙලා සියුම් වෙලා යන හැටි, හඳුනාගැනීමත් විඳීමත් කියන දෙක සංසිඳිලා සියුම් වෙලා යන හැටි මෙයාට තේරෙනවා. ඊට පස්සේ මෙයා, 'මම චිත්ත සංස්කාර සංසිඳවමින් ආශ්වාස ප්‍රශ්වාස කරනවා...' කියලා හික්මෙනවා. 'මම චිත්ත සංඛාර සංසිඳවමින් ප්‍රශ්වාස කරනවා...' කියලා හික්මෙනවා.

දැන් බලන්න එතකොට කොයිතරම් සියුම් විදිහට තමන්ගේ කල්පනාව, තමන්ගෙ සිහිය, තමන්ගේ වීරිය, තමන්ගෙ නුවණ එකම අරමුණක් ඔස්සේ දියුණු කරනවද කියලා. මොකක්ද ඒ අරමුණ? ඒ තමයි ආශ්වාස ප්‍රශ්වාස. දැන් මෙයා මේ විදිහට චිත්ත සංඛාර සංසිඳවමින් ආශ්වාස ප්‍රශ්වාස කරනකොට, සිත ගැන තමයි හොඳින් තේරුම් යන්නේ. ඇයි චිත්ත සංඛාර කියන්නේ සිත හා ප්‍රතිබද්ධව තියෙන එකක් නෙ. චිත්ත සංඛාර සංසිඳිච්ච ගමන්ම, සිත තමයි එයාට ප්‍රකටව පේන්න ගන්නේ. දැන් එයා මොකක්ද කරන්නේ? 'මම සිත මනාකොට තේරුම් ගනිමින් ආශ්වාස කරන්නෙමි...' යි කියලා හික්මෙනවා. 'මම සිත

මනාකොට තේරුම් ගනිමින් ප්‍රශ්වාස කරන්නෙමි...' යි කියලා හික්මෙනවා. **(චිත්ත පටිසංවේදී අස්සසිස්සාමී'ති සික්ඛති. චිත්ත පටිසංවේදී පස්සසිස්සාමී'ති සික්ඛති)**

හුස්ම රැල්ලකින් යා හැකි දුර...

සිත මනාකොට තේරුම් ගනිමින් ආශ්වාස, ප්‍රශ්වාස කරනකොට සිත ගොඩාක් ප්‍රමුදිත වෙනවා. දැන් එතකොට මෙයාගේ කයත් සැහැල්ලුයි, හඳුනාගැනීමත් සැහැල්ලුයි, විඳීමත් සැහැල්ලුයි. සිත ගැනත් හොඳට ප්‍රකටව පේනවා. සිතට ගොඩාක් ප්‍රමුදිත භාවය ඇතිවෙනවා. මේ ප්‍රමුදිතභාවය විඳිමින් චිත්ත ප්‍රීතියෙන් යුක්තව, චිත්ත ප්‍රමෝදයෙන් යුක්තව, එයා ආශ්වාස ප්‍රශ්වාස කරනවා. දැන් මොකද වෙන්නේ? මෙයාගේ හිතේ සමාධිය බලවත් වෙන්න... බලවත් වෙන්න, ධ්‍යානය බලවත් වෙන්න... බලවත් වෙන්න, කාමච්ඡන්දයෙන් හිත නිදහස් වෙනවා. ව්‍යාපාදයෙන් හිත නිදහස් වෙනවා. ථීනමිද්ධයෙන් හිත නිදහස් වෙනවා. උද්ධච්ච කුක්කුච්චයෙන් හිත නිදහස් වෙනවා. විචිකිච්ඡාවෙන් හිත නිදහස් වෙනවා.

දැන් මෙයාට පුළුවන් කාමයන්ගෙන් පීඩාවක් නැතිව, ගැටීමෙන් පීඩාවක් නැතිව, නිදිමතින්, අලසකමින් කායික මානසික පීඩාවකින් තොරව, සිතේ විසිරීමෙන් පීඩාවක් නැතිව, පසුතැවිල්ලෙන් පීඩාවක් නැතිව, සැකයෙන් පීඩාවක් නැතිව, ඉතා හොඳින් තමන්ගේ ධ්‍යානය ආනාපානසතිය මුල් කරගෙන පුරුදු කරන්න.

විදර්ශනාව පුරුදු කිරීම අනිවාර්යයි...

අන්න එතැනට තමයි, එයාට කලින් විදර්ශනා වඩලා පුහුණු වෙලා තිබුණු අවබෝධය එකතු කරගන්න තියෙන්නේ. මෙයාගේ සිත දැන් පංච නීවරණයන්

යටපත් වෙලා, හොඳින් ප්‍රභාශ්වර වෙලා තියෙන්නේ. දැන් මෙයා මොකද කරන්නේ? ප්‍රභාශ්වර චිත්තයෙන් යුතුව, **(අනිච්චානුපස්සී අස්සසිස්සාමී'ති සික්ඛති)** අනිත්‍ය ස්වභාවය දකිමින්, යථාර්ථය දකිමින්, ආශ්වාසය කෙරෙහි සිහිය යොමු කරනවා. මනසිකාර කරනවා. එතකොට එයා දකින්නේ කුමක අනිත්‍ය ද? 'ආශ්වාස ප්‍රශ්වාස දෙකේ අනිත්‍ය' තමයි එයා දකින්නේ. දීර්ඝ ආශ්වාසයේත් අනිත්‍ය දකිනවා. දීර්ඝ ප්‍රශ්වාසයේත් අනිත්‍ය දකිනවා. කෙටි ආශ්වාසයේත් අනිත්‍ය දකිනවා. කෙටි ප්‍රශ්වාසයේත් අනිත්‍ය දකිනවා. මුළු ආශ්වාස ප්‍රශ්වාස කයේම අනිත්‍ය දකිනවා. ඊළඟට එයා ප්‍රීතියේත් අනිත්‍ය දකිනවා. සුඛයේත් අනිත්‍ය දකිනවා. සඤ්ඤාවේත් අනිත්‍ය දකිනවා. වේදනාවේත් අනිත්‍ය දකිනවා. සිතේත් අනිත්‍ය දකිනවා. මේ විදිහට මෙයා ආශ්වාස ප්‍රශ්වාස මුල් කරගෙන, ගොඩනැගූ සමාධිමත් සිතින් යුතුව, සම්පූර්ණයෙන් ම අනිත්‍ය වශයෙන් බලමින් ආශ්වාස ප්‍රශ්වාස කරනවා.

හුස්ම රැල්ලත් අවිද්‍යා සහගතයි...

දැන් ඔබ දන්නවා... ආශ්වාස ප්‍රශ්වාස අයිති වෙන්නේ 'කාය සංඛාර' වලට කියලා. මේ ආශ්වාස ප්‍රශ්වාස පවා අවිද්‍යාව ප්‍රත්‍යයෙනුයි පවතින්නේ. මේ ලෝකේ අවිද්‍යාව ප්‍රහාණය නොකළ කෙනෙකුට, ආශ්වාස ප්‍රශ්වාස ගැන කිසිම අවබෝධයක් නැහැ. අවිද්‍යාව ප්‍රහාණය නොකළ කෙනා, තමන්ගේ දෙයක් කියල හිතාගෙනයි හුස්ම ගන්නෙත්, හුස්ම හෙළන්නෙත්. එයා හුස්ම රැල්ල තුළ පවා අයිතිකාරයෙක් පවත්වනවා.

වචන කතා කරන්න කලින් මනසින් හිතන විතක්ක විචාර පවා අවිද්‍යා සහගතව 'මම හිතනවා...' කියලයි

හිතාගෙන ඉන්නේ. එයා හඳුනාගන්නේ, විඳින්නේ, 'මම හඳුනාගන්නවා... මම විඳිනවා...' කියලා හිතාගෙනයි. අවිද්‍යාව විසින් තමයි මේ ඔක්කොම නිර්මාණය කරලා දෙන්නේ.

අවිද්‍යාව දුරු කරන්නේ මෙහෙමයි...

දැන් අවිද්‍යා සහගතව හුස්මගත්තු කෙනා, හුස්ම හෙළන කෙනා දැන් මොකද කරන්නේ? නීවරණ යටපත් වෙච්ච, සමාධිමත් සිතකින් යුතුව, ආශ්වාස ප්‍රශ්වාස අනිත්‍ය වශයෙන් බලනකොට... ආශ්වාස ප්‍රශ්වාස මුල් කරගෙන ගොඩනැගිලා තිබිච්ච අවිද්‍යාව ප්‍රහාණය වෙලා, ඒ ගැන ටිකෙන් ටික අවබෝධය ඇතිවෙනවා. ඒ අවබෝධය තමයි විද්‍යාව. එයාට අවබෝධ වෙනවා... මෙතන අනිත්‍ය වූ ආශ්වාසයක් තියෙනවා. අනිත්‍ය වූ ප්‍රශ්වාසයක් තියෙනවා. දීර්ඝ ආශ්වාසයත් අනිත්‍යයි. දීර්ඝ ප්‍රශ්වාසයත් අනිත්‍යයි. කෙටි ආශ්වාසයත් අනිත්‍යයි. කෙටි ප්‍රශ්වාසයත් අනිත්‍යයි. මේ ආශ්වාස ප්‍රශ්වාස සැහැල්ලු වීමත් අනිත්‍යයි. ආශ්වාස ප්‍රශ්වාස සැහැල්ලු වීම නිසා සිත එකඟ වෙලා ඇතිවෙච්ච ප්‍රීතියත් අනිත්‍යයි. කායික, මානසික සැපයත් අනිත්‍යයි. හඳුනාගැනීම, විඳීම කියන චිත්ත සංඛාරත් අනිත්‍යයි. මේ විදිහට මේවායේ අනිත්‍ය ස්වභාවය අවබෝධ වෙනකොට අවිද්‍යා ප්‍රත්‍යයෙන් හටගත්තු සංස්කාර, අවිද්‍යා ප්‍රත්‍යයෙන් හට නොගන්නා මට්ටමට මෙයා ප්‍රඥාවෙන් දියුණු කර ගන්නවා.

හුස්ම රැල්ලෙන් චතුරාර්ය සත්‍ය අවබෝධය කරා...

අවිද්‍යා ප්‍රත්‍යයෙන් හට අරගෙන තණ්හාව නිසා සකස් වෙන මේ භව ගමන හැදෙන්නේ නැති වන

විදිහට, මෙයා ආශ්වාස ප්‍රශ්වාස තුළ දුක අවබෝධ කර ගන්නවා. මෙයාට අවබෝධ වෙනවා, 'ආශ්වාස ප්‍රශ්වාස අයිති දුකට...' කියලා. ඊළඟට ප්‍රීතිය, සැපය, සිත, සඤ්ඤා, වේදනා මේ ඔක්කෝම අයිති වෙන්නේ දුකට. ආශ්වාස ප්‍රශ්වාස තුළ හොඳින් අනිත්‍ය සඤ්ඤාව පුරුදු කරන කොට, මෙයාට ඒ තුළ දුක්ඛ ආර්ය සත්‍යය පේන්න ගන්නවා. දුක පේනකොට මෙයා දැනගන්නවා, 'මේකට තමයි මම ඇලුණේ. දුක අවබෝධ නොවීම නිසයි මේ ලෝකෙට මම ඇලුණේ...' කියලා. අන්න එයා දුක කෙරෙහි කලකිරෙනවා. දුක කෙරෙහි කලකිරුණට පස්සේ මොකද වෙන්නේ?

(විරාගානුපස්සී අස්සසිස්සාමීති සික්ඛති) මේ කෙරෙහි කලකිරෙන කොට එයාට ආශ්වාස ප්‍රශ්වාස කෙරෙහි තිබුණු ඇල්ම දුරුවෙලා යනවා. ඊළඟට දීර්ඝ ආශ්වාස ප්‍රශ්වාස කෙරෙහි තිබුණු ඇල්මත් දුරුවෙවී යනවා. කෙටි ආශ්වාස ප්‍රශ්වාස කෙරෙහි තිබුණු ඇල්මත් දුරුවෙවී යනවා. ආශ්වාස ප්‍රශ්වාස සංසිඳීම කෙරෙහි තිබුණු ඇල්මත් දුරුවෙවී යනවා. ප්‍රීතිය කෙරෙහි තිබුණු ඇල්මත් දුරුවෙවී යනවා. සැපය ගැන කෙරෙහි තිබුණු ඇල්මත් දුරුවෙවී යනවා. ආශ්වාස ප්‍රශ්වාස හඳුනා ගැනීමත්, විඳීමත් ගැන තිබුණු ඇල්මත් දුරුවෙවී යනවා. චිත්ත සංඛාර ගැන තිබුණු ඇල්මත් දුරුවෙවී යනවා. සිත ගැන තිබුණු ඇල්මත් දුරුවෙවී යනවා.

සාමාන්‍ය ලෝකයාට හිතාගන්නත් බැරි දෙයක්...

මේ විදිහට ආශ්වාස ප්‍රශ්වාස මුල් කරගෙන, අවබෝධ කළ යුතු 'දුක' අවබෝධ වෙන කොට,

ප්‍රහාණය කළ යුතු 'තණ්හාව' ප්‍රහාණය වෙලා යන විදිහට ඇල්ම දුරුවෙවී යනවා. එතකොට මොකද වෙන්නේ? මෙයා ඇල්ම දුරුවෙනවා දකිමින් ආශ්වාස ප්‍රශ්වාස කරන්නේ, මෙයා ඇල්ම දුරුවෙනවා දකිමින් ආශ්වාස ප්‍රශ්වාස කරන්නේ අනිත්‍ය සඤ්ඤාව තුළයි. අනිත්‍ය සඤ්ඤාව තුළ ඒ විදිහට හික්මෙන කොට මොකද වෙන්නේ? ඇල්ම නිරුද්ධ වෙනවා. **(නිරෝධානුපස්සී අස්සසිස්සාමී'ති සික්ඛති)** එතකොට එයා ඇල්ම නිරුද්ධ වීම දකිමින් ආශ්වාස ප්‍රශ්වාස කරනවා. දැන් මෙයාට මේ ආශ්වාස ප්‍රශ්වාස මුල් කරගත්තු ලෝකය ගැන, 'මේක අනිත්‍ය දෙයක්... මේක දුකයි... මේකේ අයිතිකාරයෙක් නැහැ...' කියලා අවබෝධ වෙන්න වෙන්න මේ කෙරෙහි කලකිරෙනවා. කලකිරෙන්න... කලකිරෙන්න තවදුරටත් ඒ කෙරෙහි තිබුණු ඇල්ම දුරුවෙලා යනවා. ඇල්ම දුරුවෙවී යනකොට මෙයාට තේරෙනවා, ටිකෙන් ටික තමන්ගෙ හිතේ තිබුණු තණ්හාව ක්ෂය වෙවී යනවා කියලා. මෙහෙම ක්ෂය වෙවී ගිහිල්ලා තණ්හාව නිරුද්ධ වීමත් මෙයාට හොඳට තේරෙනවා. එතකොට මෙයා මොකද කරන්නේ? තවදුරටත් තණ්හාව නිරුද්ධ වීම දකිමින් ආශ්වාස ප්‍රශ්වාස කරන්නෙමි යි හික්මෙනවා.

ඉත්තම කපල බිම දානවා වගේ...

ආශ්වාස ප්‍රශ්වාස කෙරෙහි තිබෙන තණ්හාව නිරුද්ධ වෙන කොට... ප්‍රීතිය, සැපය, හඳුනා ගැනීම් කෙරෙහි තියෙන තණ්හාවත් නිරුද්ධ වෙලා යනවා.

මේක මේ වගේ එකක්. ඔන්න එක නැට්ටේ අඹ ගෙඩි හයක් තියෙනවා. මෙයා මොකද කරන්නේ? ගෙඩිය ගෙඩිය අල්ලන්නේ නැතුව, අඹ ගෙඩි හයම බැඳිලා තියෙන

තනි නැට්ට කඩනවා. කඩපු ගමන් අඹ ගෙඩි හයම බිම වැටෙනවා. අන්න ඒ වගේ දෙයක් තමයි මෙතනත් සිද්ධ වෙන්නේ. ඇස, කන, නාසය, දිව, කය, මනස කියන මේ ආයතන හයටම තිබුණු ඇල්ම, එකම අරමුණක් තුළ සමථ විදර්ශනා වඩලා ප්‍රහාණය කරනවා.

නිරෝධ සංඥව අරමුණු වෙනවා...

තණ්හාව නිරුද්ධ වෙන කොට මොකද වෙන්නේ? ඊළඟට මෙයා **(පටිනිස්සග්ගානුපස්සී අස්සසිස්සාමී'ති සික්ඛති)** 'ඇල්ම දුරුකරමින්, ඇල්ම බැහැර කරමින්, ආශ්වාස ප්‍රශ්වාස කරනවා...' කියලා හික්මෙනවා. අන්න එතකොට එයාගේ හිතේ ඇතිවෙනවා 'නිරෝධ සඤ්ඤාව'.

(ඒතං සන්තං) මෙයයි ශාන්ත... **(ඒතං පණීතං)** මෙයයි ප්‍රණීත... **(යදිදං සබ්බසංඛාර සමථො)** පුඤ්ඤාභි සංඛාර, අපුඤ්ඤාභි සංඛාර, ආනෙඤ්ජාභි සංඛාර සංසිඳී ගිය තැන... **(සබ්බූපධිපටිනිස්සග්ගෝ)** සියලු කෙලෙස් සහිත කර්ම බැහැර වී ගිය තැන... **(තණ්හක්ඛයෝ)** තණ්හාව ක්ෂය වී ගිය... **(නිරෝධෝ)** තණ්හාව නිරුද්ධ වී ගිය... **(නිබ්බානං)** නිවන යි... කියලා, ඊට පස්සේ එයාට 'නිරෝධ සඤ්ඤාව අරමුණු වෙනවා.

තණ්හාව නිරුද්ධ වීම අරමුණු වෙන කොට, සාක්ෂාත් කළ යුතු 'දුක්ඛ නිරෝධය' තණ්හාවේ ක්ෂය වීම සාක්ෂාත් කරනවා. අන්න එතකොට අවිද්‍යාව දුරු වෙලා, විද්‍යාව පහළ වෙලා, දුකින් නිදහස් වෙලා, විද්‍යා විමුක්ති දෙක සාක්ෂාත් කරනවා. මේ වෙනකොට එයාට ආනාපානාසතිය මුල් වෙලා 'ආර්ය අෂ්ටාංගික මාර්ගය'ම වැඩිලා අවසානයි.

විස්මිත නුවණක්...

බලන්න බුදුරජාණන් වහන්සේට තිබුණේ කොයිතරම් විස්මිත නුවණක් ද කියලා. ආනාපානසතිය තුළින් දුක අවබෝධ කරගෙන, තණ්හාවෙන් නිදහස් වෙන ආකාරය ඉතාමත් විශ්මයජනකයි. ඉතාමත් විශ්මය ජනක ලෙස බුදුරජාණන් වහන්සේ මේකෙදී ආනන්ද හාමුදුරුවන්ට වදාළා,

"පින්වත් ආනන්ද, ඔබ මේ දස සඤ්ඤාව හොඳින් ඉගෙන ගන්න. ඉගෙන ගෙන ගිරිමානන්ද ස්වාමීන් වහන්සේට ගිහින් කියන්න..." කියලා. මොනවද ඒ සඤ්ඤා දහය?

අනිත්‍ය සඤ්ඤා, අනත්ත සඤ්ඤා, අසුභ සඤ්ඤා, ආදීනව සඤ්ඤා, පහාණ සඤ්ඤා, විරාග සඤ්ඤා, නිරෝධ සඤ්ඤා, සබ්බලෝකේ අනභිරත සඤ්ඤා, සබ්බ සංඛාරේසු අනිච්ච සඤ්ඤා, ආනාපානසති.

අසිරිමත් දහමක්...

බුදුරජාණන් වහන්සේගේ මේ අනුශාසනාවන් අහලා, 'මේ ලෝකෙ කී දාහක් නිවන් අවබෝධ කළාද...? කී කෝටියක් නිවන් අවබෝධ කළාද...? මේවා කියවනකොට තේරෙනවා බුදුරජාණන් වහන්සේ දේශනා කළ ධර්මය **(ස්වක්ඛාතයි)** මනාකොට දේශනා කරන ලද දෙයක් කියලා. **(සන්දිට්ඨිකයි)** මේ ජීවිතයේදීම අවබෝධ කරන්න පුළුවන් එකක්. **(අකාලිකයි)** ඕනෑම කාලයක අවබෝධ කරන්න පුළුවන්. **(ඒහිපස්සිකයි)** ඇවිත් බලන්න කියලා කියන්න පුළුවන්. **(ඕපනයිකයි)** තමා තුළින්මයි දියුණු කර කර බලන්න තියෙන්නේ. **(පච්චත්තං වේදිතබ්බෝ**

විඤ්ඤූහි) බුද්ධිමත් කෙනා විතරයි මේක අල්ල ගන්නේ.

බුදුරජාණන් වහන්සේ වදාළා, "නුවණ නැති මෝඩයෙක් තමන්ගේ ජීවිත කාලය පුරාවටම, ඥාණවන්ත පණ්ඩිතයෙක් ඇසුරු කළත්, හැන්දට හොද්දේ රස දැනෙන්නේ නැහැ වගේ, ඔහුට ධර්මය නම් දැන ගන්න ලැබෙන්නේ නැහැ..." කියලා.

ඊළඟට බුදුරජාණන් වහන්සේ වදාළා, "නමුත් ප්‍රඥා සම්පන්න කෙනා ඒ වගේ නෙමෙයි. සුළු මොහොතක් නමුත් නුවණැති කෙනෙක් ඇසුරු කිරීමෙන්, ඉක්මණින්ම ධර්මය දැනගන්නවා කියලා. හරියට හොද්දේ රස දැනගන්න දිව වගේ..."

හත්මුතු පරම්පරාවටම නොලැබිච්ච දෙයක්...

අපි කොහොම හරි උත්සාහ කරන්න ඕනි දිවක් වෙන්න මිසක්, හැන්දක් වෙන්න නෙමෙයි. අපි දන්නවා අපට මේ යුගය තුළ මේ උදාවෙලා තියෙන්නේ සුළු පටු වාසනාවක් නොවෙයි. අපේ ආච්චිලා, සීයලාට... අත්තලා, මුත්තලාට ක්ෂණ සම්පත්තිය ලැබුණේ නැහැ. මනුස්ස ජීවිතයක් ලැබිලා, පුංචි පිනක් දහමක් කර කර ඉඳලා මැරිලා ගියා. ජීවිතය ගැන කියවෙන චතුරාර්ය සත්‍ය ධර්මය ගැන අහන්න ලැබුණේ නැහැ. අපේ වාසනාවකට දැන් චතුරාර්ය සත්‍යය අහන්න ලැබෙනවා. මේ ජීවිතය තුළ ක්ෂණ සම්පත්තිය අහිමි කර ගත්තොත්, ආයේ කවදා චතුරාර්ය සත්‍යය ධර්මයක් අපට මුණ ගැහෙයි කියලා කාටවත් කියන්න බැහැ.

අපේ වාසනාවට... බුදුරජාණන් වහන්සේගේ ධර්මය ටික ටික නමුත් දැන් තේරෙනවා. මහ ලොකු දෙයක් තේරුම් ගන්න බැරි වුණත්, 'මෙහෙම දෙයක් තියෙන්නේ...

මේකයි කරන්න තියෙන්නේ' කියලා, ඉවෙන් වගේ හරි අපට තේරෙනවා. ඒ නිසා මේ ලැබිච්ච අවස්ථාව ගිලිහිලා යන්න ඉඩ නොදී මේ ජීවිතය තුළදීම ධර්මය හොඳට ප්‍රගුණ කරලා, දුකින් නිදහස් වෙන්න මහන්සි ගන්න ඕනෑ.

අසනීප වලට හොඳ බෙහෙතක්...

ඉතින් ආනන්ද හාමුදුරුවෝ බුදුරජාණන් වහන්සේගෙන් මේ සඤ්ඤා දහය ඉගෙන ගෙන ගිරිමානන්ද ස්වාමීන් වහන්සේ ළඟට ගිහිල්ලා කිව්වා, "පින්වත් ස්වාමීන් වහන්ස, භාග්‍යවත් බුදුරජාණන් වහන්සේ මේ දස සඤ්ඤාව ස්වාමීන් වහන්සේට කියන්න කිව්වා..." කියලා. ගිරිමානන්ද ස්වාමීන් වහන්සේ ඒක අහගෙන හිටියා. දස සඤ්ඤාව කියලා අවසන් වෙනකොටම ගිරිමානන්ද ස්වාමීන් වහන්සේ සම්පූර්ණයෙන් සුවපත් වුණා.

ගිරිමානන්ද ස්වාමීන් වහන්සේ කියන්නේ රහතන් වහන්සේ නමක්. මෙහෙම කියන කොට ඔබට හිතෙන්න පුළුවන්, 'රහතන් වහන්සේලා බෙහෙත් ගත්තේ නැද්ද...?' කියලා. බෙහෙත් නොගෙන හිටියේ නැහැ. බෙහෙත් ගත්ත අවස්ථා තියෙනවා. දවසක් බුදුරජාණන් වහන්සේට බඩ විරේකයක් කරන්න වුවමනා වෙලා ජීවක වෙද මහත්මයාට පණිවුඩයක් ඇරියා. ජීවක මොකද කළේ? බෙහෙත් දාලා නිල් මහනෙල් මිටි තුනක් හදල දුන්නා. එක නිල් මහනෙල් මිටියකින් නාසයට අල්ලල ආශ්වාස කළාම, එක පාරක් බඩ විරේක වෙන්න. මේ වගේ බුදුරජාණන් වහන්සේට අසනීප වෙච්ච අවස්ථාවල, රහතන් වහන්සේලාට අසනීප වෙච්ච අවස්ථාවල, අනෙක් ස්වාමීන් වහන්සේලාට අසනීප

වෙච්ච අවස්ථාවල පවා ජීවක වෛද්‍යමහත්මයා බෙහෙත් දීලා තියෙනවා.

ඒ විතරක් නෙමෙයි බුදුරජාණන් වහන්සේ විසින්ම යම් යම් අවස්ථාවල භික්ෂූන් වහන්සේලාට නොයෙක් බෙහෙත් වර්ග නියම කරල තියෙනවා. ඒ ගැන හොඳ විස්තරයක් මහාවග්ග පාළියේ 'භේසජ්ජක්ඛන්ධකයේ' ඇතුළත් වෙනවා. ඒක බලපුහම තේරෙනවා, බුදුරජාණන් වහන්සේට වෛද්‍ය ශාස්ත්‍රය පිළිබඳවත් විශාල දැනීමක් තිබිලා තියෙනවා කියලා.

අන්න ඒ නිසා අපටත් ඒ භාග්‍යවත් බුදුරජාණන් වහන්සේ වදාළ ශ්‍රී සද්ධර්මය ප්‍රගුණ කරලා, ඒ උතුම් චතුරාර්ය සත්‍යය ධර්මය අවබෝධ කරගෙන, සංසාර දුකින් නිදහස් වෙන්නට වාසනාව උදාවේවා... !

සාදු! සාදු!! සාදු!!!

මහාමේඝ ප්‍රකාශන